KB194385

한국의 탈춤

한국의 탈춤

조 동 일 지음

우리 문화의 뿌리를 찾아서를 펴내며

　한국의 전통 문화를 세계화하고자 기획된 '우리 문화의 뿌리를 찾아서'는 우리 문화가 지닌 고유성과 보편성을 소개하고 문화인류학적인 접근을 수월케 하여, 세계 속에 한국 문화의 위상과 학문적 경쟁력을 제고시키는 데에 그 목적이 있다.

　한글과 영어로 발간되는 이 시리즈는 지나치게 학술적인 경향이나 단순한 안내서의 수준을 지양하고, 한국의 전통 문화의 근간을 세부적으로 천착함으로써 일반 사람들이 우리 문화를 깊이 이해할 수 있도록 개방적인 전문성을 띠는 점이 특징이다.

　아울러 이것은 단순히 우리 문화의 본질에 대한 이해에서 그치는 것이 아니라 궁극적으로 현대 문명이 유발한 문제점들을 치유하는 대안이 그 속에 들어 있음을 깨닫게 하고, 이에 대한 공통적인 인식을 토대로 세계인이 한국 문화를 올바르게 이해하도록 하는 데에 크게 기여할 것이다.

2005년 1월
이화여자대학교출판부

책머리에

이 책은 한국 탈춤 입문서이다. 탈춤이 무엇인지 간략하게 소개하면서 깊이 있는 논의를 전개하는 데까지 이르고자 한다. 그 두 가지 목표는 상반된다고 할 수 있으나, 신기한 구경거리라고 여기는 데 그치지 않고 제대로 즐기고자 하면 무엇이 문제인지 이해해야 한다. 제1부에서는 탈춤 형성과 변천에 관한 연극사적 논의를, 그리고 제2부에서는 탈춤의 원리에 관한 비교 연극학적 고찰을 했다.

제한된 지면에서 새로운 논의를 전개하는 것은 적합하지 않다고 여겨 기존 연구를 간추려 내놓는다. 연극사적 논의는 『탈춤의 역사와 원리』(홍성사, 1979; 기린원, 1988)에 이어서 『한국문학통사』(지식산업사, 제3판 1994)에서 한 작업에서 가져왔다. 비교 연극학적 고찰은 『카타르시스 · 라사 · 신명풀이』(지식산업사, 1997)에서 얻은 성과를 활용한다. 자료의 출처 제시, 기존 연구에 관한 논란 같은 것들은 위에서 든 책들로 미루고, 하고 싶은 말만 한다.

지은이

차례

한국의 탈춤

I 탈춤 형성과 변천의 역사

Ⅱ 탈춤의 기본 원리 비교 고찰

I

탈춤 형성과
변천의 역사 〉〉

처용탈

1 명칭과 유래

'탈춤'은 탈을 쓰고 춤을 추면서 공연하는 연극이다. 탈·춤·연극의 세 가지 요소 중에서 처음 둘만 지적해서 '탈춤'이라고 하지만, 세 번째 요소를 지칭하는 뜻도 포괄된 것으로 이해한다. '가면극'이라는 말도 널리 쓰이나, 이 말은 연구를 시작하면서 지어낸 신조어이므로, 놀이를 하는 사람들이 옛날부터 써 온 '탈춤'을 다시 활용하는 것이 더 적합하다. 원래는 황해도 탈춤만 '탈춤'이라 하고, 다른 고장의 것들은 '산대놀이', '들놀음', '오광대' 등으로 각기 다르게 지칭했다.

그 가운데 '탈춤'이 가장 그럴 듯해서 전국의 탈춤을 함께 일컫는 범칭으로 확대되었다. '탈춤'이라는 범칭과 구별하기 위해서 황해도의 탈춤은 '해서 탈춤'이라고 부를 필요가 있다. '탈놀이'라는 말이 '탈춤' 대신 쓰이기도 한다.

탈춤이 언제 시작되었는지 알기 어렵고, 이 문제는 탈춤의 범위를 어떻게 설정하는가 하는 것과 관련되어 있다. 이른 시기의 기록에 있는 국중 대회(國中大會)를 할 때 탈을 쓰고 춤을 추었을 가능성이 짙다. 신라의 처용(處容)놀이는 처용의 탈과 춤을 갖추어서 했던 것이 거의 확실하고 그 내용이 연극적인 의미를 가졌다고 보아도 좋다. 최치원(崔致遠)이 향악(鄕樂)의 다섯 가지 놀이를 읊은 시에 탈놀이인 대면(大面)이 포함되어 있다. 그러나 그런 것들은 탈과 춤을 갖추고, 더러는 연극적인 내용이 인정되어도 여기서

처용무

말하는 탈춤에다 포함시키지 않는 것이 관례이다. 탈춤은 국가적인 행사와는 관계없이, 민간의 놀이패가 스스로 즐기면서 전승한 민속극이다. 그런 의미에서의 탈춤은 문헌에 기록된 자취가 거의 없어 유래를 밝히기 어렵다.

일본 쪽의 기록에 의하면, 7세기에 백제 사람 미마지(味摩之)가 기악(伎樂)을 일본에 전했다고 한다. 기악은 불교 포교를 위해 탈을 쓰고 춤추면서 공연한 연극이다. 대사가 없는 무언극인 점에서 커다란 차이가 있으나, 탈과 인물 배역이 오늘날 볼 수 있는 우리 탈춤 특히 양주별산대와 상통한다고 지적되었다. 그래서 기악에서 후대의 탈춤이 유래했다는 견해가 있으나 기악이 국내에서 전승된 증거를 찾을 수 없고, 기악에서 후대 탈춤으로의 변모를 설명하기 어렵다. 절간에서 기악 또는 그 비슷한 놀이가 전승되다가, 조선 초기쯤 놀이패인 잡승(雜僧)의 무리가 절간에서 쫓겨나자 불교 포교의 내용을 반대의 것으로 바꾸었을 가능성은 있어 연구 과제가 된다. 경기도 이북 지방 탈춤에 노장스님 풍자를 내용으로 한 일련의 과장이 뚜렷한 비중을 차지하고 있는 것은 이런 관점에서 해명될 법하다.

한편, 고려에 이어서 조선 시대에 국가적인 행사로 거행한 나례희(儺禮戲), 또는 산대희(山臺戲)가 탈춤의 모체였다는 견해가 있다. 나례희는 궁중에서 잡귀를 몰아내는 행사에 부수된 놀이이고, 산대희는 국가 경축일에 높은 다락을 만들어 벌인 놀이인데, 놀이 종목은 거의 같아 어느 쪽에든지 가무잡희(歌舞雜戲)가 두루 포함되어 있었다. 그런데 그중에 소학지희(笑謔之戲)라는 이름의 재담으로 하는 연극은 더러 들어 있었어도 탈춤 자체는 없었다. 그런데 16세기 사람인 이제신(李濟臣)이 남긴 기록에 중광대[僧廣大]·할미광대[姑廣大] 등으로 탈춤 배역을 넷이나 든 것이 있어 나례희 또는 산대희가 제대로 유지되던 시기에 거기 포함되지 않은 탈춤이 따로 있었음을 알려 준다. 조선 후기에 나례희 또는 산대희가 중단되자 거기 동원되

하회탈

던 사람들이 민간에서 탈춤을 공연하게 되었다는 견해로 탈춤의 유래를 설명하기는 어렵다.

  민속극인 탈춤은 사원이나 국가에서 하던 행사에서 물려받은 요소가 있기는 하겠으나, 농촌 마을의 민속에서 기본 골격이 형성되었다고 보아 마땅하다. 농촌 마을에서 농사가 잘 되게 하기 위해 거의 해마다 거행하는 농악대의 굿놀이에 마을의 신을 나타내는 탈을 쓴 사람들이 참가했다. 그런 사실은 『지리지』에 더러 보이는 기록에서 확인할 수 있으며, 경상북도 하회 마을에서 볼 수 있는 바와 일치한다. 하회에서처럼 신을 나타내는 탈이 사람을 나타내는 구실을 아울러 하면서 자연과의 갈등을 해결하자는 주술이 사회적인 갈등을 표현하자는 예술로 바뀌는 과정에서 탈춤이 생겨났다. 오늘날 전국 농악대에 양반·각시·포수 등 잡색놀이패가 거의 빠짐없이 포함되어 있는 것은 발생 단계의 탈춤이 퇴화된 모습이라고 할 수 있다. 잡색놀이패는 자기 배역의 몸짓을 해서 웃음을 자아내고, 관중과 재담을 나누기도 해서, 단순하기는 하지만 탈춤 공연을 계속하고 있다.

  민속극은 탈춤만이 아니다. 무당이 굿을 하면서 공연하는 연극인 무당굿놀이도 있다. 사방 유랑해 다니며 재주를 파는 사당패는 탈춤보다 꼭두각시놀음을 더 중요한 공연 종목으로 삼았다. 발에다 탈을 씌워 공연하는 발탈도 있었으며, 그림자를 비추어 하는 연극도 흔적은 확인된다. 그런데 이 가운데 무당굿놀이·꼭두각시놀음·탈춤이 민속극으로서 특히 뚜렷한 위치를 차지했으며, 서로 견주어 볼 만한 내용을 지녔다. 무당굿놀이는 한 사람의 대역을 관중 중에서 선발해 공연하기 일쑤이고, 설명을 곁들여서 일상 생활의 구석구석을 자세히 묘사하는 장기를 자랑한다. 사람 대신 인형이 등장하는 꼭두각시놀음은 주역이면서 해설자인 박첨지가 악사들과 수작을 하며 이끌어 나가고, 숭앙되는 가치를 무엇이든지 뒤집어엎는 것을

양주별산대놀이의 왜장녀

내용적인 특징으로 삼는다. 해설이라고는 전혀 없이 극적 갈등으로만 짜여지는 탈춤은 관념적 사고, 신분적 특권, 남성의 횡포 등의 허위를 더욱 적극적으로 비판하는 갖가지 수법을 다채롭게 구사한다.

2 농촌 탈춤, 떠돌이 탈춤, 도시 탈춤

무당굿놀이, 꼭두각시놀음, 탈춤 중에서 민속극으로서 특히 중요하고 발전된 형태는 물론 탈춤이다. 그런데 무당굿놀이는 무당의 연극이고 꼭두각시놀음은 사당패의 연극이라고 쉽사리 규정할 수 있지만, 탈춤을 공연한 주체는 복합적인 성격을 띠고 있기에, 이에 따라서 탈춤을 몇 가지로 나누어볼 필요가 있다. 농촌 탈춤은 농촌 마을에서 농민이 공연했다. 도시 탈춤은 상업이 발달된 도시에 거주하는 이속이나 상인들이 주동이 되어 공연했다.

이 세 가지 탈춤 중에서 농촌 탈춤은 다른 탈춤들보다 오랜 유래를 가지고 있으면서 연극으로서의 발전은 더딘 형태라고 할 수 있다. 농촌 마을에서 일 년에 한 차례씩 농악대가 주동이 되어 농사가 잘 되라고 굿을 하면서 굿놀이로 공연한 것이 농촌 탈춤이다. 농악대굿은 담당자가 예사 농사꾼이며 농촌 마을 자체에서 오랫동안 이어 온 행사라는 점에서 무당굿과 구별되고, 풍물을 치고 춤을 추며 노래를 부르면서 거행된다는 점에서 유교 또는 도교의 격식을 받아들여 절을 하고 축문을 읽는 엄숙한 절차를 갖춘 동신제(洞神祭) 또는 서낭제와도 다르다.

무당굿에서 무당굿놀이가 생겨나고 농악대굿에서 탈춤이 생겨났는데, 이둘은 공통점이 있고 교류가 인정되면서도 각기 독자적인 성격을 가진 연극이다. 조선 초기 이래로 유교에 입각한 농촌 질서를 확립하기 위해서 상층

북청사자놀음의 사자

에서는 음사(淫祀)라고 규정한 서낭굿을 서낭제로 바꾸도록 압력을 넣었지만, 하층 농민은 마을굿을 완강하게 지속시켰을 뿐만 아니라 평소의 울분을 발산하고 마음껏 신명풀이를 할 수 있는 기회로 삼았기에 탈춤이 자라날 수 있었다.

함경도 북청(北靑) 지방에서 전승한 사자놀음은 농촌 탈춤의 하나라고 할 수 있다. 풍물잡이들이 사용하는 악기, 연주하는 가락이 특이해서 농악이라고 할 수는 없지만, 풍물잡이들이 돌아다니면서 마을의 안녕과 풍요를 위한 굿을 하는데 탈을 쓰고 가장한 인물이 몇이서 따르며 놀이를 벌인다는 점에서는 흔히 볼 수 있는 형태를 따르고 있다. 사자탈을 덮어쓴 사람들이 주역인 셈이고, 양반이 하인인 꼭쇠(꺽쇠)와 함께 등장하고, 그 밖의 배역도 있다.

사자춤은 신라 때의 산예(狻猊)놀이와 관련이 있으리라고 생각되며, 재앙을 물리치는 구실을 한다. 양반의 명령에 따라 꼭쇠가 사자를 몰고 다니는 것으로 해서 등장 인물들 사이의 관계를 짜맞추고, 사자가 죽었기에 다시 살려낸다고 하면서 소생의 의미를 가진 사건을 설정했다. 그

러나 재담은 미처 발달하지 않았다.

 강원도 강릉에서는 관노들이 공연한다고
해서 강릉관노가면놀이[江陵官奴戱]라고 하는 놀이도 구성이나 전
개 방식에서는 농촌 탈춤을 따르고 있다. 강릉은 농촌 마을이 아니
고 지방 관장이 주재하는 큰 고을이다. 그 곳에서 여느 마을굿보다
월등하게 규모가 큰 단오굿을 거행할 때 농민이 아닌 관노가 공연
하니 놀이도 야단스러울 것 같지만 도시 탈춤과는 거리가 멀고 오
히려 농촌 탈춤 본래의 모습을 확인하기에 알맞은 자료이다.

 등장 인물은 장자마리·양반·소매각시·시시딱딱이뿐이고, 대
사 없이 진행되는 무언극이다. 정체가 모호한 것처럼 보이는 장자
마리만으로도 신의 하강을 나타낼 수 있었을 듯한데 재앙을 물리

강릉관노가면놀이의 장자마리-소매각시-양반

치는 구실을 하는 시시딱딱이를 보탰고, 양반이 소매각시와 놀아나는 장면으로 연극일 수 있는 요건을 갖추었다. 시시딱딱이가 양반을 물리치고 소매각시를 차지하려 하며, 소매각시가 죽었다가 깨어나는 소동까지 벌어져 상황이 복잡하다.

농촌 탈춤으로서 가장 발전된 모습을 갖춘 것은 하회 탈춤이다. 하회 탈춤은 세 가지 보고서가 다른 점이 있어서 세부적인 사항까지는 판단하기 어려우나 강신에서 송신까지 또는 송신 이후의 놀이까지 여남은 마당에 걸쳐 거행되는 행사에 포함되어 있으며, 양반과 선비가 지체를 다투는 마당을 중심으로 해서 극적인 내용이 흥미로운 짜임새를 보인다. 그보다 앞서 파계 승 마당에서는 중이 부네라는 여자에게 유혹되는 광경을 보여주더니, 뒤이어 등장한 양반과 선비가 중의 행실을 못마땅하게 여긴 것과는 다르게 부네 때문에 다투기 시작한다. 다툼은 누가 지체가 높은가에 따라서 판가름하려고 어거지를 부리는데, 양쪽 하인이 개입해 더욱 흥미로운 광경이 벌어진다.

양반: 우리 할아버지는 문하시중이거던.
선비: 문하시중, 그까짓 것. 우리 할아버지는 문상시대(門上侍大)인데.
양반: 문상시대, 그것은 또 뭔가?
선비: 문하보다 문상이 높고, 시중보다 시대가 크다.

이렇게 해서 고려 때의 최고 관직인 문하시중을 말장난거리로 만들어 지체 다툼이 허망하다는 것을 스스로 폭로한다. 그러자, 양반이 반격을 하느라고 자기는 사서삼경보다 더한 팔서육경(八書六經)을 읽었다고 한다. 선비가 알아차리지 못해서 당황해 하는 팔서육경을 양반의 하인 초랭이는 "팔만대장경, 중의 바래경, 봉사 안경, 약국의 질경, 처녀 월경, 머슴 세경"이라고 풀이하고, 선비의 하인 이매가 들어서 그 말이 맞다고 맞장구를 친다. 초랭이는 경망스럽고 이매는 바보이니, 하인으로서 적극적인 구실을 하는 말뚝이는 아직 나타나지 않았는데도, 양반과 선비가 자기네끼리 다투다 망신을 당하고 만다. 농촌 탈춤은 마을굿에서 떨어져 나올 수 없는 한계를 가질 뿐만 아니라, 지배층과 과감하게 맞서서 체제를 비판하기는 어려웠다.

도시 탈춤에 이르면 그 두 가지 점에서 커다란 변화가 일어난다. 그런데 농촌 탈춤이 바로 도시 탈춤으로 바뀌었다고 보기보다도 그 둘 사이에 떠돌이 탈춤이 있어서 매개 구실을 했다고 하는 편이

하회 탈춤의 양반-선비-부네

타당하다. 떠돌이 놀이패는 남사당의 경우를 통해서 분명하게 확인되는 바
와 같이 온갖 종류의 놀이를 받아들여 공연 종목을 다채롭게 하느라고 탈춤
을 거기 포함시켰으며, 탈춤을 주종목으로 삼아 영업을 한 예도 있다. 서울
근교의 본산대(本山臺) 놀이패나 경남 지방에서 오광대(五廣大)를 퍼뜨렸다

하회 탈춤의 할미

는 대광대패 등은 후대까지 이어지지 않았으므로 집단의 성격이나
놀이의 내용이 확실하지 않지만, 탈춤을 주종목으로 삼은 떠돌이
놀이패라고 보아 마땅하다. 떠돌이 놀이패는 놀이를 해서 먹고 사
는 직업적인 연예인이었으므로 어디 본거지를 정해도 거기 머무를
수 없었고, 인근 여러 고을이나 마을을 찾아다니며 탈춤을 공연했
다. 농촌 탈춤을 배우고 본떠서 마련한 종목을 정교하게 다듬어서
널리 퍼뜨리고, 도시 탈춤이 일어날 때 그 모형을 제공했으리라고
생각된다.

서울 변두리 녹번(碌磻) · 애오개[阿峴] · 사직(社稷)골 등지에 자리를 잡고 활동했다는 본산대 놀이패는 자료가 미비해서 자세하게 알 수 없으나, 산대희 또는 나례희를 거행할 때 동원되는 신분이었지만 그렇다고 해서 먹고 살 수 있었던 것은 아니고, 민간에서 재주를 팔아 생활하느라고 산대희나 나례희를 할 때에는 소용되지 않는 탈춤을 가지고 서울 가까운 여러 고장을 찾아다니며 순회 공연을 했던 것 같다. 유득공(柳得恭)이 『경도잡지(京都雜誌)』의 한 대목에 기록해 둔 말이 그런 사정을 엿보는 데 도움이 된다. "연극에는 산희(山戲) · 야희(野戲), 두 부류가 있는데 나례도감(儺禮都監)에 속한다"고 한 말은 산희라고 한 산대희나 야희라고 한 탈춤이 둘 다 법제적으로 나례도감에 속하는 무리가 공연하는 놀이라는 뜻이겠다. 그 다음에서, 산대희는 다락을 엮고, 사자 · 호랑이 따위를 만들어 놓고 춤을 추는 놀이라고 했으며, 탈춤인 야희는 당녀(唐女) · 소매(小梅)로 분장하고 춤을 추는 놀이라고 했다. 당녀와 소매는 등장 인물 이름임에 틀림없으며 별산대놀이에서 볼 수 있는 왜장녀와 소무의 전신이 아닌가 싶다.

한편, 경남의 초계(草溪) 밤마리라는 곳에 본거지를 정하고 그 인근 지역을 두루 찾아다니면서 순회 공연을 한 대광대패의 공연 종목은 남사당의 경우보다도 더 다채로워 온갖 곡예와 재주를 포괄했다. 탈춤인 오광대도 그 중의 하나이고 죽방울을 받아 이어서 공연한다는 점에서는 곡예와 연결되어 있었지만, 다른 무엇보다도 인기가 있었다. 경남 지방에는 밤마리 대광대패 외에도 의령 신반(新反)의 대광대패, 하동의 목골 사당패, 남해의 화방사(花芳寺) 매구, 진주의 솟대쟁이패 등이 더 있어 떠돌이 놀이패가 아주 많았으며, 그런 무리가 모두 자기네의 공연 종목에 탈춤을 포함시켰던 것 같다. 화방사 매구는 절간에 집결지를 두었고, 목골 사당패는 이름부터 사당패이다.

양주별산대놀이의 탈

    앞에서 이미 살핀 바와 같이, 조선 후기에 이르면 떠돌이 놀이패
는 아주 많아지고 놀이 종목도 다채롭게 마련되었다. 경남 지방에
서 확인할 수 있는 사례가 전국 여러 곳, 특히 경기도나 황해도에서
는 거의 같은 양상으로 나타났다고 보아도 좋다. 떠돌이 놀이패가
탈춤을 놀이 종목으로 택해서 인기를 끌던 것도 공통적인 현상이
라고 할 수 있다. 그러고 보면 서울 변두리의 본산대패나 밤마리의
대광대패는 그런 무리들 중에서 특히 성공한 예에 지나지 않는다.
본산대패는 이미 과거의 일로 끝났지만 산대희를 할 때 동원되던
신분들이었다는 것을 자랑으로 삼고, 서울이 상업 도시로 성장하는

데 힘입어 떠돌이 놀이패 가운데 으뜸가는 위치를 차지했다. 밤마리의 대광대패는 밤마리가 낙동강을 통한 상업의 중심지이기 때문에 크게 번창할 수 있었다.

떠돌이 놀이패의 본거지란 원래 집결지에 지나지 않았으므로 절간일 수도 있고 아주 시골일 수도 있었는데, 상업 도시가 발달하면서 본거지가 주공연지로 바뀐 것 같다. 그래도 주공연지만으로는 영업이 제대로 되지 않아 순회 공연지가 여럿 있어야만 했고, 순회 공연지와 계약을 맺는 방식이 나타났다. 그런 관계를 맺는 순회 공연지 또한 상업 도시이므로 탈춤을 공연하는 사람들이 많이 모여들어서 장사가 더욱 번창해질 수 있었다.

그런데 양주(楊州)에서는 해마다 사월 초파일과 오월 단오날에 사직골 딱딱이패를 초청해다가 탈춤을 공연했는데, 그 쪽에서 약속을 지키지 않는 일이 빈번해서 분개한 끝에 기존의 놀이 방식을 본따 독자적으로 탈춤을 만들어 낸 것이 양주별산대라고 한다. 약속을 지키지 않았던 이유는 초청 경쟁이 벌어졌기 때문이었을 것이다. 양주별산대를 만들었기에 본산대를 초청할 필요가 없게 된 시기는 이백년 전쯤이라고 한다. 18세기 중엽 이후에는 상업의 양상이 달라지면서 새로운 상업 도시가 나타나자, 그 도시의 주민인 상인과 이속이 주동이 되어 각기 독자적인 탈춤을 키워 나갔기 때문에 떠돌이 탈춤은 상대적으로 쇠퇴하다가 대부분 자취를 감추게 되고 도시 탈춤이라고 부를 수 있는 것들이 도처에서 나타나 오늘날까지 이어졌다고 하겠다.

그런 과정을 거쳐 본산대를 대신하는 별산대놀이가 양주뿐만 아니라 송파(松坡)에서도 생겨났던 일은 경제사적 설명까지 곁들이면 좀더 명확하게 이해할 수 있다. 18세기 중엽에 서울의 특권적 상인에게 대항하는 이른바 사상도고(私商都賈)가 지방의 물산이 서울로 들어가는 곳에 자리를 잡고 서울의 상권을 위협할 정도로 성장해 커다란 분쟁이 일어났다. 그 결과 마침

송파산대놀이의 신장수

내 특권적 상인인 금난전권(禁亂廛權)을 철폐하는 데 이르러서 상업의 발달에 획기적인 전환이 생겨났다. 양주와 송파는 바로 사상도고가 자리를 잡은 신흥 상업 도시였으므로, 그곳에 축적된 역량으로 독자적인 탈춤인 별산대놀이를 키워 나갔다.

본산대가 쇠퇴하고 별산대가 흥기한 것은 상업사에서의 전환과 바로 대응된다. 봉산(鳳山)을 위시한 황해도 각 고을의 탈춤은 그 쪽에서 활동하던 떠돌이 놀이패의 탈춤과 구체적으로 어떤 관련을 가졌는지 확인되지 않지만 역시 18세기 중엽쯤 생겨났다. 황해도 각 고을은 서울에서 평양을 거쳐 의주로 가는 길목에 자리를 잡고 상업 도시로 성장했고, 경남의 해안 및 낙동강 연변에서는 일본과의 무역 및 거기에 관련된 국내 교역의 요충지마다 들놀음 또는 오광대라고 하는 탈춤을 키우는 상업 도시가 나타났다.

도시 탈춤은 떠돌이 탈춤을 본뜬 것이고 떠돌이 탈춤이 인기를 누리던 권역 안에서 일어났지만 또 한편으로는 농촌 탈춤을 발전시키면서 자라났다고 할 수 있다. 마을굿과 직접적으로 관련을 가지지 않고 연극으로 독립되는 경향을 보이고, 공연하는 날짜가 반드시 정해져 있지 않으며, 여러 과장으로 나뉘어진 복잡한 내용에다 지배 체제에 대한 비판을 과감하게 나타냈다는 점에서는 떠돌이 탈춤의 전례를 이었다. 그러나 공연 담당자가 직업적인 놀이패는 아니기에 구경꾼들과 동질적인 의식을 가지고 모두 함께 신명풀이를 하는 대방놀이를 재현했다는 점에서는 농촌 탈춤의 계승자 노릇을 했다. 떠돌이 탈춤과의 관계 때문에 전파에 의한 유사성을 가지고 농촌 탈춤이 본래 서로 비슷할 수밖에 없다는 이유에서는 독립 발생적인 공통성을 물려받았으면서도, 도시 탈춤은 지역적인 위치와 사회적인 조건에 따른 차이점을 갖추고 있어서 서로 견주어서 고찰하는 것이 또한 긴요한 과제이다.

수영들놀음 수양반

3 도시 탈춤의 실상

오늘날의 부산을 이루고 있는 지역인 동래·수영·부산진 등지의 탈춤을 들놀음이라고 일컫고 한자로는 야유(野遊)라고 한다. '들놀음'이라는 말은 야유회에 해당하는 '들놀이'와 구별되어, 들에서 하는 농사일이 잘 되라고 해서 벌이는 마을굿놀이를 뜻했던 것이다. 들놀음에는 농촌 탈춤의 앞뒤 절차가 도시 탈춤으로 성장한 다음에도 그대로 남아 있다. 정월 보름께 농악대와 함께 탈춤 공연자들이 집집마다 돌아다니며 지신밟기를 하고 마을 고사를 지낸 다음, 공연 당일에는 구경꾼들과 어울려 놀이판으로 가면서 길놀이를 했다. 그것이 모두 마을굿의 절차이다. 놀이판에 도착해서도 누구나 구별없이 함께 춤추고 노는 덧뵈기 춤놀이를 자정까지 한 다음에야 탈놀이로 들어가고, 탈놀이가 끝난 다음에 다시 고사를 지내거나 덧뵈기 춤놀이를 다시 벌인다. 이처럼 탈놀이가 전체의 행사 중에서 한 부분만 차지하는 것이 농촌 탈춤에서 물려받은 유산이다.

그런데 동래 일대는 특히 일본과의 무역을 통해서 크게 성장한 상업 도시였으며, 그런 조건이 탈춤의 발전을 촉진했다. 들놀음은 마을 공동체의 행사로서 오랜 내력을 가졌기에 계속 전승되는 데 그치지 않고, 상업 도시의 번영을 자랑하고 가속화하는 구실을 맡았다. 길놀이를 할 때에는 온갖 종류의 화려한 가무를 등장시켜 규모를 과시했으며, 더욱 많은 구경꾼들이 모여들 수 있도록 했다. 놀이판에는 장대를 세우고 줄을 늘어뜨린데다가

봉산 탈춤의 길놀이

수영들놀음의 양반 삼형제와 말뚝이

촛불을 밝힌 등을 수없이 달아 그런 장치가 극장 비슷한 구조물일 수 있게 했으며, 입장하는 사람들에게는 촛농이 몸에 떨어지는 것을 막는 고깔을 나누어 주면서 입장료에 해당하는 기부금을 받았다. 농촌 탈춤에서와 같은 대방놀이를 유지하면서도 상업적인 연극으로 나아가는 변모를 보였으니 흥미로운 일이 아닐 수 없다.

세 곳 들놀음 중에서 부산진들놀음은 없어지고, 동래들놀음은 일부만 남고, 수영들놀음은 네 과장이 모두 전승되고 있다. 동래들놀음의 둘째 과장이 양반춤이고, 수영들놀음은 양반춤에서 시작된다. 양반 삼형제가 어울리지 않게 놀이판에 나왔다가 하인 말뚝이에게 욕을 보는 장면이 들놀음에 특히 두드러지게 나타나 있다. 양반을 등장시켜 격하시키는 것은 농촌 탈춤에서도 보편화되어 있는데, 들놀음에 이르러서는 삼형제로 늘어난 양반이 말뚝이 하나를 이겨내지 못하고 불러 보기도 전에 겁부터 내는 것으로 상하 관계를 역전시켜 놓았다. 상업 도시에서 형성된 하층의 힘이 사회 변혁을 바랐기에 그럴 수 있었다. 다음 순서로 그 자체가 재앙을 일으키는 무서운 영노가 더 큰 재앙의 장본인인 양반을 잡아먹겠다는 과정에서는 공격이 더욱 치열해진다. 영감과 할미가 다투는 과장에서도 영감을 양반으로 설정해서 양반 풍자의 의미를 곁들여 놓았다.

경남 지방의 탈춤은 낙동강을 경계로 해서 동쪽의 들놀음과 서쪽의 오광대로 나뉘어 있는데, 그 둘 중에서 오광대는 성격과 분포가 한층 다양하다. 오광대라는 말은 등장 인물의 수 또는 과장의 수가 다섯인 데서 유래했다고 하지만 확실하지 않으며, 낙동강 서쪽 지역의 탈춤을 일컫는 범칭으로 사용되어 왔다. 오광대에는 떠돌이 놀이패가 공연하던 탈춤과 각 지방의 토착적인 탈춤이 포함되어 있다. 각 지방의 토착적인 탈춤이 규모를 제대로 갖추도록 하는 매개와 자극의 구실을 했던 초계 밤마리 대광대패를 위시한 여러 떠돌이 놀이패의 탈춤은 전하지 않고, 교역로를 따라서 소도시에서 분포되었던 토착인 탈춤 중에서 진주(晉州)·가산(駕山)·마산(馬山)·통영(統營)·고성(固城)의 오광대만 남아서 대본이 채록되었거나 공연

고성 오광대 비비탈(영노)

이 계속되고 있다. 오광대는 들놀음에 비해서 상업 도시로서의 발전이 뒤진 고장에서 자랐으나 마을굿과의 관계는 한층 소원한 편인데, 그 이유는 떠돌이 놀이패 탈춤의 영향이 직접적으로 미쳤기 때문이다.

들놀음과 오광대의 형성 시기에 관한 자료는 문헌에 남아 있지 않고 구전에서 찾아야 하는데, 구전이 두 가지로 엇갈리고 있다. 수영들놀음은 1760년대에 이루어졌다 하고, 오광대 중에서도 가산 오광대 같은 것은 그 이상의 내력을 가졌다 한다. 그러면서 또 한편으로는 들놀음이나 오광대가 형성된 시기는 1870년대에서 1900년대 사이라고 한다. 두 가지 연대는 각 지방의 탈춤이 독자적으로 자라난 시기와 떠돌이 탈춤, 특히 밤마리 오광대의 영향을 받아들여 재형성을 겪은 시기를 각기 지적하고 있는 것으로 보면 함께 인정될 수 있다. 그 두 단계를 거쳐 들놀음과 오광대는 도시 탈춤으로 등장하게 되었다 하겠으며, 들놀음에는 독자적인 발전이, 오광대에는 영향에 의한 재형성이 두드러진 비중을 가졌기에 그 둘이 구별된다고 해도 좋다.

진주·가산·마산의 오광대는 오방 신장(五方神將)이 나와 춤을 추는 것을 첫 과장으로 삼는다. 잡귀를 물리치던 의식을 탈춤 안으로 끌어들였다고 할 수 있다. 그런데 통영과 고성의 오광대에서는 그런 서두마저 없어지고 문둥이춤을 거쳐서 양반 풍자의 과장으로 들어간다. 문둥이 또는 어딩이라고 하는 병신이 등장해서 비정상적인 거동을 과장되게 나타내는 장면은 오광대라면 어디에나 다 있으며, 그밖에는 동래들놀음에만 흔적이 보이니, 오방 신장춤과 함께 오광대의 특징을 이룬다고 할 만하다. 그 두 과장을 연결시켜

통영 오광대의 문둥이춤

가산 오광대의 오무당

놓는 데서 어떤 의미를 찾고자 한다면, 가산 오광대의 경우를 주목할 필요가 있다. 오방 신장이 등장해서 위협적인 춤을 춘 다음 다섯 문둥이가 병신스러운 동작을 하다가 투전판을 벌이고 어딩이와 개평 때문에 승강이를 벌인 끝에 잡혀 가고 마니, 가장 높은 데서 가장 낮은 데로의 급격한 전락을 암시한다 하겠다.

양반이 말뚝이 때문에 욕을 보고, 영노가 양반을 잡아먹겠다 하고, 할미와 영감이 다투고 하는 세 과장은 들놀음과 오광대에 공통적으로 갖추어져 있으며, 전개 방식이나 내용에서도 그리 두드러진 차이점은 없다. 양반 과장에서는 양반이 말뚝이를 찾고 부르고 하다가 욕을 보고, 근본 자랑을 하다가 말뚝이에게 역습을 당하곤 한다. 그런데 통영 오광대에서는 흥미로운 변이가 보인다. 문둥이춤에서 문둥이를 양반으로 꾸며 놓더니 양반 과장에 이르러서는 원양반·차양반 외에 홍백(紅白)·먹탈·손님·삐뚜루미·조리중 등을 모두 양반이라고 하면서 등장시킨다. 모두들 출생의 내력에서부터 비정상적인 위인이다. 홍백은 두 아비의 아들이므로 한쪽은 붉고 한쪽은 희다. 먹탈은 어미가 부정한 짓을 하고 낳아서 온몸이 까맣게 되었다 한다. 얼굴이 심하게 얽었기에 천연두 신의 이름을 따서 손님이라고 하는 녀석, 몸이 뒤틀려 있는 삐뚜루미, 중의 자식이라는 조리중도 모두 병신인 주제에 양반이라고 우쭐거리며 다닌다. 양반이야말로 비정상이라는 것을 그런 모습으로 낱낱이 열거한 수법을 통영 오광대에서 볼 수 있다.

황해도 지방의 해서 탈춤은 여러 고을에 널리 분포되어 있다. 서울에서 평양으로 가는 육로와 해로의 요긴한 길목에 자리를 잡은 황주(黃州)·봉산·재령(載寧)·해주(海州)·강령(康翎) 등 여러

봉산 탈춤의 고사

고을에서 상업의 발달이 새로운 단계에 이르자 상인과 이속이 주동이 되어
탈춤을 키웠다. 탈춤이 인기를 얻자 상업 도시로서의 발전이 더딘 고을이
더라도 자기네들의 탈춤을 마련하느라고 열을 올렸다. 그래서 해서 지방은
온통 탈춤의 고장이 되다시피 했으며, 해주 감영에서 각 고을 탈춤의 경연
대회가 열렸다고 한다. 그중에서 봉산 · 해주 · 강령의 탈춤은 오늘날 서울
에서도 공연되면서 지난날의 영화를 어느 정도 전해 준다.

　봉산 탈춤은 전국 어느 고장의 탈춤보다도 뛰어난 짜임새를 갖추고 있다

봉산 탈춤의 노장-소무-신장수

하겠기에, 성장 배경부터 자세하게 살필 필요가 있다. 봉산은 서울에서 평양으로 가는 육로 교통의 특히 요긴한 곳에 자리를 잡고 있으며, 그곳의 향시는 전국에서 가장 큰 것 중의 하나였다. 탈춤에 열의를 가진 상인들이 공연 준비에 필요한 비용 일체를 댔다. 상인과 이속을 주축으로 한 공연자들이 자기네끼리 배타적인 단체를 결성했다. 탈춤을 공연하면 사방에서 구경꾼이 많이 모여들어 장사가 크게 번창하기 때문에 투자한 비용을 회수할 수 있었다. 한창 시절에는 모인 사람들이 2만 명에 이르렀다 한다. 공연장 주변에 원형으로 둘러 다락을 만들어 세우고, 거기 올라가 구경을 하려면 음식을 사먹도록 했다. 극 중에서 신장수가 사방을 둘러보면서 장이 잘 섰으니 무엇이든지 팔아 보겠다고 하는 것은 실제의 상황을 그대로 나타낸 말이다.

그러나 이런 조건 때문에 탈춤이 흥미 본위의 상업적인 연극으로 바뀐 것은 아니다. 장터 놀이판에 모인 군중이 동질성을 확인하면서 자기네들과 이질적이거나 적대적인 쪽의 허위를 비판하는 것을 내용으로 삼았으며, 농촌 탈춤에서 기반을 다진 대방놀이를 확대해서 역사적인 전환의 과제와 대결하고자 했다. 노장 과장, 양반 과장, 미얄 과장을 주축으로 삼는다는 점에서는 해서 탈춤 일반은 물론이고 산대놀이 쪽과도 공통적인 구성을 갖추었지만, 그런 과장들을 통해서 나타내고자 하는 주제가 봉산 탈춤에서 특히 잘 분석될 수 있다.

노장이라는 고명한 승려가 목중들에게 끌려 어울리지 않게 놀이판에 나왔다가 소무에게 유혹되고 취발이에게 쫓겨나는 것은 관념적인 사고가 현실과 부딪치면서 보인 파탄과 변모를 뜻한다. 양반은 말뚝이에게 호령을 하면서 위엄을 세우지만, 말뚝이가 관중과 합작을 해서 공격을 하는 방식을 이해하지 못하기 때문에 신분적 특권을 유지할 수 없게 되었다. 미얄할미와 영감이 다투다가 미얄할미가 죽는 데서는 남성의 횡포가 비판받아야 할 것으로 부각된다.

서울 근교 몇 고장에 있었고, 지금도 송파와 양주에서 전승되고 있는 별산대놀이는 이미 언급했던 사회 경제사적 배경을 더욱 분명하게 밝힐 수 있다. 영조 30년(1754)에서 정조 6년(1782) 사이에 서울 장안의 특권적 상인인 시전 상인과 서울 근교 신흥 상업 도시의 반특권적인 상인인 사상 도고

사이에 충돌이 크게 일어났던 사정이 조정의 공식 기록에 자세하게 올라 있다. 시전 상인을 옹호한 관원의 보고에 의하면, 무뢰한 장사꾼들이 송파·양주 같은 데 자리를 잡고 서울 장안으로 들어가는 지방의 물화를 독점해서 시전 상인 쪽이 심각한 타격을 받았다는 것이다. 지방 향시는 닷새에 한 번씩 열리도록 되어 있는 규칙을 무시하고 송파장은 매일 흥청거리고 있으니, 그것도 그대로 둘 수 없다고 했다.

그러나 시전 상인과 사상 도고 사이의 충돌은 시전 상인의 특권을 재확인하는 것으로 결말을 삼을 수 없었으므로 마침내 정조 15년(1791)의 신해통공(辛亥通共)을 거쳐 사상 도고의 자유로운 상행위가 인정되는 역사적인 전환을 맞이하게 되었다. 본산대의 분파라고 하는 별산대놀이는 바로 서울 근교 신흥 상업 도시에서 사상 도고가 육성한 탈춤이다.

송파산대놀이는 송파가 도시화되기 전 단계에 농촌 탈춤으로서의 토착적인 뿌리를 가졌던 것으로 보이고, 송파의 한창 시절인 18세기 중엽 이후에는 경비를 부담하는 상인들의 후원으로 대단한 규모로 발전해 위세를 떨치다가, 20세기에 들어와서는 송파가 상업 도시로서의 기능을 잃자 쇠퇴하게 되었다. 상인들이 경비를 부담한 것은 장이 열리도록 하기 위해서였다고 한다. 공연 담당자는 주로 싸전에서 되질을 하는 되쟁이, 배에다 물건을 싣고 내리는 임방꾼, 그리고 여러 종류의 막일꾼이었다 하며, 다른 고장에서 명연기자들을 부르기도 했다 한다.

일 년에 여러 차례 명절을 끼고 놀았다는 것은 양주별산대놀이나 해서 탈춤의 경우와 같은데, 칠월 백중께는 7일 내지 10일 동안

양주별산대놀이의 먹중—애사당

송파산대놀이의 옴중-먹중

전체 순서를 되풀이해서 공연했다고 하니 다른 데서는 볼 수 없는 일이다. 그러다가 1900년 이후에는 상업의 중심지가 이동했기 때문에 송파 탈춤을 재현하려는 노력은 계속되었어도 그 규모가 축소되지 않을 수 없었다. 그러다가 1925년의 대홍수로 송파 마을이 대부분 유실된 다음에는 소규모 동호인들의 탈춤만 남아서 명맥을 유지했다.

양주별산대놀이도 대체로는 이와 비슷한 과정을 거쳤지만, 성장과 몰락이 송파의 경우처럼 급격하지는 않았다. 양주는 양주 목사가 자리를 잡은 행정 중심지이면서, 서울 북쪽 교통의 요로이기에 상업 도시로 성장한 곳이어서 상업 도시이기만 했던 송파와는 달랐다. 이속들을 중심으로 해서, 관아가 있는 동네 본바닥 사람들만 연기자로 나서서 고도의 기능을 전수해 왔다. 1920년경에 이르러서는 군청이 이웃 의정부로 옮겨지고 그곳이 한산한 시골 마을로 퇴락했어도 탈춤은 크게 위축되지 않을 수 있었다. 평소에는 당집에 모셔놓았던 탈을 내려서 쓰고, 탈춤 공연자들이 놀이판으로 갈 때 길놀이를 야단스럽게 벌이며 찬조를 받기도 하고, 공연을 시작하기에 앞서서 고사를 지내는 절차가 뚜렷하게 남아 있어서, 탈춤이 그 고장 민속으로서 뿌리를 내렸던 사정을 알 수 있게 한다. 그렇더라도 농촌 탈춤으로 되돌아간 것은 아니다.

송파와 양주의 별산대놀이는 춤사위가 수십 가지로 세분화되어 있으며, 과장 구성이 복잡할 뿐만 아니라 형성 시기가 그리 오래 되지 않은 것들이 몇 가지 첨가되어 있고, 뜻하는 바가 무엇인지 쉽사리 알기 어려운 대목이 적지 않다. 전국 여러 곳의 탈춤 중에서 농촌 탈춤의 단순한 형태에서 가장 멀어진 예라고 할 수 있다. 아마도 본산대놀이가 사회 의식의 표현보다는 놀이 기술의 세련화에 치우쳤던 전통을 받아들여서 변혁의 의지를 상징적으로 나타낼 수 있게끔 개조했기 때문에 그런 특징을 지니게 되지 않았는가 싶다. 얼핏 보면 춤자랑, 말자랑이기만 한 것 같은 장면에도 기존의 가치관을 뒤집어 놓고자 하는 주장이 감추어져 있지만 까다롭게 뒤틀린 형태라서 직감적으로 느껴지는 바가 선명하지 않다. 작품 전편이 봉산 탈춤만큼 후련하지 못하고 비판 정신에서 뒤떨어진 편이다. 그런 점에서 도시 탈춤의 폐해가 나타난다고 할 수 있다.

양주별산대놀이를 통해서 좀더 구체적인 고찰을 한다면, 우선 서두의 몇 과장이 무슨 뜻을 지니는지 알기 어려워 당황하게 된다. 그 대목은 봉산 탈춤에서와 같은 여덟 목중이 여러 배역으로 나뉘어 하잘것없는 이익이라도 끝까지 다투는 세태를 나타낸다고 할 수 있다. 극 중 극인 침놀이 대목에서는 죽음을 극복하고 삶을 긍정하자는 충동을 쉽사리 알아보기 어려운 형태로 나타낸다. 그 다음의 애사당 북놀이에서는 목중들이 왜장녀가 데리고 나온 애사당과 놀아난다. 계율에 대한 본능의 우위를 거듭 강조했다 하겠다. 노장 과장과 양반 과장은 다른 데서 볼 수 있는 것과 그리 다르지 않게 전개되지만, 양반 과장에 포도부장놀이가 첨부되어 있다. 양반인 샌님이 첩을 얻어 좋아하고 있는데 서리인 포도부장이 나타나 첩을 빼앗아 가는 것으로 설정한 포도부장놀이는 노장·소무·취발이의 관계를 변형시켰다 할 수 있다. 영감과 할미가 다투는 신할아비 과장에서는 할미가 죽고 난 다음에 아들인 도끼와 딸인 도끼 누이가 등장해 육친의 정을 성적인 충동으로 확인하면서 아버지의 권위를 남김없이 부정한다.

탈춤은 18세기 이후의 새로운 상황에서 밑으로부터 대두한 혁신의 움직임이 가장 극명하게 표현된 예술 형태이다. 농민 문화의 뿌리를 상인과 이속이 가담해 키운 결과, 모두 함께 어울려 노는 노동놀이를 기반으로 해서 등장 인물 사이의 갈등을 박진감있게 구현하고, 하층 민중의 생활 의지와 어긋나는 지배 체제의 허위 의식을 다각도로 비판했다. 이러한 성과는 현실의 표면적인 묘사로 흥행물을 일삼지 않는 방향에서 근대극이 탄생할 수 있는 가능성을 보여주었다고 할 수 있다.

양주별산대놀이의 영감–할미

양주별산대놀이의 서방님—말뚝이—쇠뚝이—샌님—도련님

　　그러나 상설 극장에서 전문적인 배우가 창작극을 공연하는 방식을 스스로 개척하지 못하고 있을 때 이식 문화의 충격이 미쳐 신파극이라는 이름의 저질 상업주의 연극이 비집고 들어오자, 탈춤은 민속 문화의 잔존 형태로 명맥을 유지하면서 험난한 시련을 견뎌야만 했다. 그러다가 신파극의 발전적 계승자인 서구 전래의 근대극마저 비판의 대상이 되는 것과 함께 탈춤을 위시한 민속극이 비로소 재발견·재인식되기에 이르렀다.

양주별산대놀이의 노장

4 탈춤 계승의 의의

탈춤은 19세기 후반에 전성기에 이르렀다가 외세의 침투로 인한 사회 변화 때문에 위축되기 시작했고, 일제의 강점으로 결정적인 타격을 받았다. 민족 문화 특히 민중 예술의 탄압을 중요한 시책으로 삼은 일제는 1911년, 밤에 함부로 노래 부르거나 춤을 추면 즉결 처분으로 처벌한다는 명령을 공포했다. 그래서 탈춤을 계속 공연할 수 없게 되었다. 1920년대에 이르러서는 이른바 문화 통치를 표방하고 명절놀이나 민속 행사를 제한된 범위 안에서 사전 승인을 받아 할 수 있다 했는데, 그런 조건에서도 탈춤이 되살아나기 어려웠다. 민속을 연구하고 진흥시키고자 하는 관심이 일어나 탈품을 다시 공연하도록 했으며, 1936년의 봉산 탈춤 공연은 전국적인 관심거리가 되었으나, 대세를 돌려놓지 못한 채 암흑기를 맞이했다.

광복 후에도 한동안 정신을 차리지 못하고 있다가, 시련을 겪고 가까스로 이어진 탈춤이 1960년대 후반 이래 무형 문화재로 지정되어 전승되고 있다. 1970년대부터는 대학들이 대단한 열의를 보여 탈춤 재흥의 시기를 맞이했다. 탈춤을 마당극 또는 무대극으로 변용해서 계승하고자 하는 시도도 활발하게 이루어졌다.

그렇다면 탈춤에서 무엇을 계승해야 할 것인가 하는 문제가 탈춤이 연극으로서 지닌 의의와 함께 적극적으로 논의되어야 마땅하다. 탈춤이 탈을 쓰고 춤을 추면서 공연하는 연극이기 때문에 소중한 것은 아니고, 위에서 이미 살핀 바와 같은 주제가 오늘날의 고민과 맞닿아 있다는 데서 계승의 이유를 찾고 말 수도 없다. 탈춤이 지닌 연극적 특징으로서 특히 중요한 것을 든다면 세 가지로 요약할 수 있다. 공연하는 사람과 구경하는 사람이 공동체적인 유대를 가진 '대동놀이'라는 사실이 사회적 성격으로 인정될 뿐만 아니라 공연 방식에서도 일관된 원리를 형성하고 있다. 시간과 공간의 설정이 자유로워 극적 갈등을 구현하기에 유리하다. 일체의 설명은 빼고 오직 극적 갈등만으로 풍자를 하는 방법이 잘 갖추어져 있다. 전승은 물론 개작이나 계승에서도 이런 특징이 다치지 않고 충분히 발현되어야 한다.

공연하는 사람은 탈을 써서 구경꾼과 분리되고, 배역의 성격을 쉽사리 나타낸다. 탈 쓴 얼굴을 두는 각도나 방향에 따라 표정이 달라지고, 거기에 횃불 조명이 비추어져 구경꾼을 긴장시키는 분위기가 조성된다. 그러나 탈꾼들끼리만 연극을 하는 것은 아니다. 탈꾼이 악사와 수작을 나누어 연극의 폐쇄성을 깨고, 악사뿐만 아니라 구경꾼도 배역이 아닌 채로 정해진 각본에 의거하지 않고서 공연에 간섭할 수 있다. 그렇게 해서 연극이 평소의 생활과 동떨어진 별세계로 인도하는 극적 환상을 일으키지 않도록 하고 살아가면서 제기되는 문제를 현장에서 심의하고 처결하는 회의와 같은 구실을 하게 한다. 연극 공연 전후에 벌이는 길놀이와 난장놀이는 회의 참가자들의 결속을 다지는 데 소용된다. 그런 것들이 신명풀이의 원리를 이룬다.

공연이 시작되면 각 과장마다 처음 설정된 극중 장소는 바로 공연 장소이다. 등장 인물도 놀이가 벌어졌다기에 구경하거나 장사하러 나왔다고 해서 생활 현장에서 문제가 제기된다는 것을 명시한다. 그러고는 일체의 무대 장치는 없이 몸짓, 대사, 그리고 약간의 소도구만으로 극중 장소를 전환하되, 공연 장소에서의 거리와 극중 장소에서의 거리가 비례하지 않는다. 공연 시간과 극중 시간의 관계도 또한 이와 같다. 그래서 구차스러운 배경을 제시할 필요는 없이 장소와 시간을 필요한 대로 전환시켜, 서사적 설명은 배제한 극적 갈등을 구현할 수 있다. 서로 다른 극중 장소에서 따로 벌어지는 일을 한꺼번에 보여주어 서로 대조가 되게 하는 것도 가능하다.

설명은 일체 배제하고 극적 갈등만 구현한다는 특징은 억압된 상황에서 억압의 원인을 풍자하고 비판하는 데 아주 유리한 작용을 했다. 소설이나 판소리에서는 기존의 덕목을 겉으로나마 표방해야만 되었는데 탈춤은 그럴 필요가 없었으며, 다른 예술 형태에서는 보이지 않는 갖가지 수법을 다채롭게 개발했다. 등장 인물이 구경꾼들과 한패이기도 하고 그렇지 못하기도 하며, 무엇이 어떻게 돌아가는지 알기도 하고 모르기도 하며, 말을 하기도 하고 무언이기도 해서 긍정과 부정의 관계가 다각도로 표현된다. 말이나 행동은 겉 다르고 속 다른 뜻이 있어 잘못 듣고 보면 멍청이가 된다.

세 가지 특징 가운데에서 첫 번째 특징은 공동체적인 유대와 생활 현장에서의 일체감이 지속되거나 다시 생기는 조건에서 제대로 계승될 수 있다. 두 번째 특징은 실내의 극장에서 공연하는 현대극이라도 무대 장치를 사용하지 않으면 활용 가능하고, 새롭게 개발할 여지가 있다. 세 번째 특징은 주제를 설명으로 전달하려고 하지 않아야 의의가 발현되고, 연극에서뿐만 아니라 예술의 다른 영역에서도 부분적으로 계승하고 발전시킬 수 있다. 서양 전래의 근대극이 연극의 완성 형태라는 생각을 버리고 연극의 새로운 활로를 민족적 전통에서 찾고자 하는 데 이 결론이 커다란 의미를 갖는다.

양주별산대놀이의 뒷풀이

Ⅱ
탈춤의 기본 원리 비교 고찰 〉〉

1 문제 제기

　연극 미학의 기본 원리는 '카타르시스'만이 아니다. 고대 그리스 연극의 원리와는 다른 '라사(rasa)'가 중세 인도 연극에서 발견된다. 중세에서 근대로의 이행기 한국의 탈춤은 '신명풀이'라는 또 하나의 원리로 이루어졌다. '신명풀이'가 무엇인지 다른 둘과 비교해서 고찰하기로 한다.

　'카타르시스' · '라사' · '신명풀이'가 서로 어떻게 다른지 구체적으로 분석하는 작업을 시작하기 위해서 먼저 그 셋을 가장 분명하게 보여주는 대표적인 예증을 하나씩 들기로 한다. 고대 그리스극인 소포클레스의 「오이디푸스왕」에서 '카타르시스'를, 인도의 중세 산스크리트 연극인 칼리다사(Kalidasa)의 「사쿤탈라」에서 '라사'를 찾는다. 거기 대응되는 한국의 「봉산 탈춤」을 들어 '신명풀이'의 원리에 관해 해명한다.

　먼저 지적해야 할 사실은 「오이디푸스왕」은 파탄에 이르는 결말을 갖추고 있는 것과 다르게, 「사쿤탈라」와 「봉산 탈춤」에서는 원만한 결말에 이르는 것이다. 그런 사실에서 그 셋의 근본적인 차이에 관한 최초의 중요한 발견을 할 수 있다. 그 실상을 서로 비교해서 분석하고, 이면의 원리를 찾고자 한다.

봉산 탈춤의 목중

2 카타르시스 연극

오이디푸스는 아버지를 죽이고, 어머니와 결혼하는 끔찍한 잘못을 저지른 것을 뒤늦게 깨닫고, 스스로 눈을 찔러 장님이 되어 방랑의 길로 나선다. 오이디푸스의 어머니이고 아내였던 이오카스테는 자결한다. 이 작품뿐만 아니라 그리스 비극의 다른 작품도 모두 파탄에 이르는 결말을 보여주는 것을 공식으로 삼았으며, 그렇기 때문에 비극이라고 했다.

오이디푸스가 아버지를 죽이고 어머니와 결혼하는 것과 같은 끔찍한 사건이 전개되는 연극을 보면서 관중은 '카타르시스'를 경험한다고, 아리스토텔레스는 『시학』에서 "연민과 공포의 감정을 환기시키는 사건에 의하여 바로 이러한 감정의 카타르시스를 행한다"고 했다. 『시학』에서 '카타르시스'라는 말이 나오는 것은 이 대목뿐인데, 전후의 설명이 부족해 '카타르시스'가 무엇이며, 왜 이루어지고, 무슨 효과를 가지는지 분명하지 않아 수많은 추론이 벌어지게 했다.

'카타르시스'는 원래 의학 용어로서, 소화가 되지 않고 뱃속이 거북할 때 쓰는 관장 치료법을 의미했다고 한다. 아리스토텔레스가 그런 의미를 분명하게 의식하면서, 연민과 공포의 감정을 연극을 통해서 간접적으로 경험하게 함으로써 마음속에서 씻어내는 치료 효과를 '카타르시스'라고 했다는 견해가 계속 이어지고 있다. 그러면서 다른 한편으로는 질병 치료의 용어인 '카타르시스'를 가져와서 연극을 논한 것은 비유라고 하고, 죄를 씻고 깨

하회탈의 부네탈-각시탈

끗해지는 종교적인 의미의 정화를 뜻한다고 보아 마땅하다는 반론을 제기해 왔다. 감정의 파탄에 적절하게 대응하는 교육을 실시해 사회를 안정시키는 것이 아리스토텔레스가 의도한 '카타르시스'의 가장 긴요한 기능이라는 주장도 계속 이어지고 있다.

그러나 그 어느 쪽을 택하든지 '카타르시스' 이론은 발상이 모호하고 체계가 갖추어져 있지 않아 평가하기 어려우며, 미비한 점을 보완해서 아무리 좋게 해석한다고 해도 연극의 기본 원리에 관한 해명으로서 납득할 수 있는 내용을 갖추었다고 할 수 없다. 아리스토텔레스가 『시학』을 써서 연극을 옹호한 것은 스승인 플라톤이 『공화국』에서, 연극을 포함한 모든 시문학은 이성으로 달래서 적절하게 눌러 놓아야 할 감정을 함부로 자극하는 것과 같은 과오를 저지르고 있다고 나무란 데 대한 반론을 전개하고자 한 것이라는 것은 널리 알려진 바와 같다. 연극은 연민과 공포의 감정을 '카타르시스'시켜 주기 때문에 유용하다는 견해는 플라톤의 비난과 견주어 보면 너무 간략하고 미비해서 설득력이 부족하다.

플라톤이 "옛날부터 철학과 시는 사이가 나빴다"고 한 발언을 시정하기 위해서는, 시에 관한 철학을 철학에서 기대하는 최상의 이치를 갖추어 이룩해야 했다. 그런데 아리스토텔레스는 유럽 철학 사상에서 가장 우뚝한 철학자라고 칭송되면서도 그렇게 하는 데 성공하지 못해, 시나 연극은 구제 불능의 약점이 있는 것처럼 보이게 했다. 『시학』은 의도한 바와는 반대가 되는 기능을 수행했다고 할 수 있다. 그러나 이론의 미비점을 작품이 보완하고 있다. 여기서 예증으로 드는 소포클레스의 「오이디푸스왕」과 같은 비극 작품은 짜임새가 훌륭하고, 뜻하는 바가 만만하지 않고, 관중에게 주는 충격이 대단해서, 세계 연극사에서 우뚝한 위치를 차지하고 있다는 것을 누구도 부인할 수 없다.

아리스토텔레스의 '카타르시스' 이론이 엉성하기만 하니, 그 근거가 되는 작품도 볼 것이 없다고 할 수는 없고, 아리스토텔레스가 못다 한 말을 작품에서 찾아내서 '카타르시스' 이론의 미비점을 메우는 것이 마땅하다. 비극 작품의 실상에 근거를 두고 정립될 수 있는 비극론의 전폭을 '카타르시스' 이론이라고 인정하면서 논의를 계속할 필요가 있다. 그래야만 '카타르시스'·'라사'·'신명풀이' 비교론에서 연극 미학의 근본적인 문제에 관한 가장 포괄적이고 깊이 있는 고찰을 할 수 있다. '카타르시스' 이론에는 특별한 실격 사유가 있다고 해서 평가절하를 하고 말면, 세계 연극 일반론을 다시 이룩하려고 하는 전반적인 구도가 이지러지고 말아 유익할 것이 없다.

「오이디푸스왕」과 같은 비극에서 끔찍한 사건이 벌어져 마침내 구제할 수 없는 파탄에 이르는 것은 무슨 까닭인가 하는 질문은 '카타르시스'론에서 다루지 못했으며, 비극론의 과제도 아니었다. 사람은 자기 스스로 아무리 선량하고 성실해도, 예기치 않던 불행에 사로잡혀 파멸에 이를 수 있는 것이 피할 수 없는 운명이라고 전제하고, 작품을 논해 왔다. 그런 것이 인간 존재의 본질인가 하는 데 대해서 소포클레스가 스스로 연구해서 밝힌 다음에 비극 작품을 쓴 것은 아니다. 비극을 구성하는 기본 내용은 작가가 선택하고 이론가가 문제삼기 전에 그리스 문명에서 선택해 놓은 전제이다.

소포클레스는 신과 인간의 관계에 관해 그리스 문명에서 내놓은 전제를 재검토하거나 수정하려고 하지 않았으며, 공동의 문제를 두고 다른 사람들보다 더욱 심각하게 고민했을 따름이다. 그러면서 인간이 어떤 운명인가를 아주 잘 보여주는 전래의 소재 오이디푸스 이야기를 택해 작품 전개를 교묘하게 다듬는 수법을 보여주어 높이 평가되고 있다. 아리스토텔레스는 『시학』에서, 비극에서 보여주는 운명관에 관해서는 전혀 언급하지 않고, '급전과 발견'의 수법 같은 것을 효과적으로 사용하면 작품을 잘 만들 수 있다고 하는 형식론에 관심을 가졌을 따름이다.

그러나 지금 내가 하고 있는 작업에서는 운명의 시련 때문에 연극의 전개가 결국 파멸에 이르게 마련이라는 '카타르시스 연극'의 결말이 당연하다고 받아들이지 않는다. 그런 운명관이 부당하다고 시비를 차리자는 것이 아니다. 그것과는 다른 생각이 또한 일반화되어 있음을 밝혀내는 더 큰 작업을 한다.

양주별산대놀이의 왜장녀

3 라사 연극

'라사 연극'과 '신명풀이 연극'은 '카타르시스 연극'과 달라, 파탄이 아닌 행복된 결말에 이른다고 하는 사실을 확인하고, 그 점과의 대조를 통해서 '카타르시스 연극'의 특성을 다시 조명하고자 한다. '카타르시스 연극'은 파탄에 이르는 결말을 특징으로 한다는 사실을 '라사 연극'과 '신명풀이 연극'은 원만한 결말에 이른다고 하는 사실과의 대조를 통해서 다시 이해해야, 그처럼 근본적인 문제를 제대로 다루지 못한 유럽 문명권 연극론의 좁은 시야에서 벗어날 수 있다.

'라사 연극'의 결말을 확인하기 위해서 「사쿤탈라」를 살피기로 하자. 이 작품은 임금 두시얀타(Dusyanta)와 시골 소녀 사쿤탈라(Sakuntala) 사이의 사랑 이야기이다. 임금이 사냥을 나갔다가 만난 소녀 사쿤탈라를 사랑해서 아내로 삼았고 반지를 정표로 주었다. 그런데 왕궁으로 찾아간 사쿤탈라를 임금이 알아보지 못하고, 사쿤탈라는 그 반지를 잃어버려 파탄이 생겼다. 그 이유는 사쿤탈라가 두르바사스(Durvasas)라는 수도사를 경배하지 않는 실수를 저질러 그 수도사가 주술을 걸어 파탄이 생기도록 했기 때문이다. 그래서 생긴 시련은 오래 가지 않고 쉽게 회복되어, 임금 두시얀타와 사쿤탈라는 신들의 축복을 받으면서 재회의 기쁨을 누리게 되었다.

두시얀타와 사쿤탈라의 사랑에 아무런 시련도 없었다고 하면 작품이 성립되지 않는다. 그래서는 아무 재미도 없을 뿐만 아니라, 사랑이 이루어지는 과정을 납득할 수 없다. 임금과 사쿤탈라는 지체가 다르다. 숲속에서 자라난 시골 소녀 사쿤탈라가 왕비가 되어 궁중으로 들어가기 위해서는 반드시 시련이 있어야 하고, 절망하고 좌절하지 않을 수 없는 고비를 겪어야 한다. 그렇지만 그 시련이 치명적인 것일 수는 없다. 사쿤탈라는 예사 시골 소녀가 아니다. 칸바(Kanva)라는 수도사의 양녀일 뿐만 아니라, 메나카(Menaka)라는 선녀가 인간 세계의 수도사를 유혹해서 낳은 딸이다.

두시얀타와 사쿤탈라는 한편으로 '상(上) : 하(下)'의 대립 관계에, 다른 한편으로는 '속(俗) : 성(聖)'의 대립 관계에 있다. 하의 사쿤탈라는 상의 두시얀타를 따르기 위해서 시련을 겪어야 하듯이, 속의 두시얀타도 성의 사쿤탈라를 맞이하기 위해서 시련을 겪어야 한다. 서로 만나지 못하는 사연이 너무 심각하면, 앞의 시련만 부각되고 뒤의 시련은 망각될 염려가 있다. 사쿤탈라가 수도사를 경배하지 않은 실수를 저질러, 두시얀타가 준 반지를 잃어버리게 되고, 그 때문에 두시얀타가 사쿤탈라와의 만남을 기억하지 못하게 된 것은 우연의 연속 같지만, 속(俗)의 일에 몰두해서 성(聖)의 세계를 망각한 것이라고 보면 필연적이다.

사쿤탈라가 잃어버렸던 반지가 다시 나타나 두시얀타의 기억을 되살리자 성의 세계로 들어가는 길이 열렸다. 두시얀타는 자기 궁전에서 사쿤탈라를 다시 만나지 못하고, 천신(天神) 마리차(Marica)가 보낸 사자의 인도를 받아 하늘로 날아가 마리차의 집으로 가야 했다. 그런데 천신은 하늘 먼 곳에 있지 않고 땅에 내려와 있어 하늘이 곧 땅이다. 신과 수도사가 그리 다르지 않다. 두시얀타와 사쿤탈라의 결합에서 욕망(karma, 色) 추구와 도리(dharma, 法)

실현이 하나가 되었다. 그래서 둘이 하나이고, 이원론이 일원론이다. 이원론이 일원론임을 깨닫게 하는 것이 작품 전체의 주제이다.

그래야 하는 이유가 초월·무한·신화가 소중한 데 있다고 하면 한쪽으로 치우친 이해이다. 임금과 시골 사람 사이의 사회적인 격차를 시정하고, 세상 다스리는 일을 천상의 이치에 맞게 해야 한다고 주장하는 것이 더욱 긴요한 의미이다. 그래서 사회적인 갈등을 부인하는 종교적인 이상주의를 고취한다고 비난할 것은 아니다. 작품 속의 두시얀타 같은 임금에게 나라를 이끌어 나가는 바른 도리를 열어 주기 위해서 그렇게 했다고 보면 뜻하는 바가 단순하지 않다.

두시얀타와 사쿤탈라가 결합해서 낳은 아들이 바라타(Bharata)라는 이름의 전륜성왕(轉輪聖王, a king who turns the wheel of the empire)이 되리라고 하면서, 전륜성왕의 출현을 희구하는 말을 서두에서부터 나타내다가, 그 소망이 이루어질 수 있게 되었을 때 작품이 끝난다. 전륜성왕이란 '차크라바르틴(cakravartin)'이라는 말을 옮긴 것이다. 전륜성왕이 돌리는 바퀴는 제국 통치의 바퀴이면서 또한 진리의 바퀴이다. 불교에서는 그것을 법륜(法輪)이라고 한다. 거대한 제국을 자비롭게 다스리면서 힌두교나 불교에서 말하는 우주적인 진리를 구현하는 통치자가 전륜성왕이다.

적대적인 관계의 승패를 가리다가 파탄에 이르는 결말로 치닫는 「오이디푸스왕」과는 다르게, 「사쿤탈라」에서는 우호적인 관계의 차질이 해결되어 원만한 결말에 이르는 데는 그만큼 깊은 이유가 있다. 오이디푸스도 임금이고 두시얀타도 임금이고, 두 임금 다 작품 속에서 결혼을 하고 자식을 낳는 공통점이 있다. 그러나 차이점이 그보다 훨씬 더 크다.

오이디푸스는 작은 나라 임금의 자리를 스스로 차지한 야심가이고 모험가이다. 그래서 작품 이름을 '오이디푸스 티라노스(Oedipus Tyranos)'라고 했다. '티라노스'란 스스로 지배자가 되어 권력을 휘두르는 임금이어서 자랑스럽지만, 능력이 모자라면 밀려날 수 있다. 절대적인 권력을 장악한 듯이 보이지만, 패배한 경쟁자들이 허점을 노리고 재기할 수 있다. 신과 다름없는 위치에 올라간 것 같지만, 신의 노여움을 사서 패망할 수 있다. 고대 그리스에서는 그런 '티라노스'보다 우위에 있는 다른 통치자가 없었다. 황제에 해당하는 존재를 생각하지 못해서, 힘보다 정의가 우위에 있다는 정치 철학을 마련할 수 없었다.

그러나 전륜성왕 '차크라바르틴'은 처음부터 보장되어 있는 통치의 정당성을 최대한 확대한다. 그래서 통치자와 피통치자, 사람과 신, 현실과 이상, 정치와 종교 사이의 분열을 넘어서는 데까지 이르렀다고 칭송되는 존재이다. '티라노스' 이야기에는 비극이 따르게 마련이지만, '차크라바르틴'은 비극의 주인공일 수 없다.

'카타르시스 연극'과 '라사 연극'은 다루는 내용이나 주인공의 성격이 그처럼 서로 다르기 때문에 서로 대립되는 관계에 있는 것만은 아니다. 연극을 만드는 방법에서도 주목할 만한 차이가 있다. 그 점을 확인하는 데 인도 연극의 이론서 『나티아사스트라(Natya sastra)』가 『시학』보다 더 많은 자료를 제공한다. 『나티아사스트라』에서는 연극이 무엇이며, 어떻게 창작하고 공연해야 하는가 하는 문제를 다각도로 자세하게 다루었다.

연극이 무엇인가 설명한 총론 대목에서, 브라흐마(Brahma) 신이 마귀에게 하는 말로, 연극은 신·마귀·사람, 세 세계의 정감을 전달한다는 말의 일차적인 의미는 연극이 사람의 일을 다루는 데 그치지 않고 사람이 자기 이상의 세계와 분리되지 않고 있는 연관 관계를 나타내서, 신인합일(神人合一)을 이룬다고 했다. 브라흐마 신이 마귀를 향해서 그렇게 말했다고 해서, 마귀가 아니고서는 의심할 수 없게 했다. 그렇지만 연극은 사람이 하는 일이다. 사람이 연극에서 신의 세계도 나타내고 마귀의 세계도 나타내는 것은 신이나 마귀를 위해서 하는 짓이 아니고, 사람이 지니고 있는 신이나 마귀와 다름없는 성격을 문제삼고자 하기 때문이다.

연극은 도리·이익·화평·웃음·살육 등을 갖춘다고 해서, 사람의 선악을 모두 취급한다는 점을 명시했다. 그 가운데 어떤 것에 사로잡혀 있는 이들에게 자기 모습을 보여주기도 하고, 자기와는 반대가 되는 모습을 알려주어 결핍을 보충하게 하기도 한다고 했다. 연극의 양상은 무척 다양하지만, 어느 것이든지 자기 발견과 자기 비판의 구실을 수행해서 사람에게 유익하다는 긍정론을 폈다.

아리스토텔레스는 『시학』에서 연극의 종류를 비극과 희극으로 나누어 놓고서, 비극에 관해서만 '카타르시스' 이론을 전개하고, 희극에 관해서는 거기 상응하는 이론을 내놓지 않았다. 비극에만 소용되는 각론을 후대의 논자들은 연극 일반의 총론으로 삼으려고 해서 많은 차질을 빚어냈다. 그런데 『나티아사스트라』의 '라사' 이론은 열 가지로 나눈 모든 연극에 두루 해당되는 포괄적인 의의를 가진다. 총론을 분명하게 하고서, 총론과 유기적인 관계를 가지고 각론을 마련했다.

사람의 정감 가운데 어떤 것을 어떻게 나타내는가에 따라서 연극의 종류가 열 가지로 나누어진다고 했다. 그 가운데 '나타카(nataka)'와 '프라카라나(prakarana)'를 먼저 들어 자세하게 고찰하고, 다른 여덟 가지에 관해서는 부분적인 언급만 했다. '나타카'는 신화·전설·역사에서 유래한 고귀한 인물의 행위를 다루는데, '프라카라나'는 당대인의 일상 생활에서 소재를 구하므로 작품의 전개 방식도 서로 다르다고 하고, 여러 측면에서 다각적인 비교론을 폈다.

그 둘은 각기 그리스 연극의 비극·희극과 상통하는 면이 있으나, 차이점을 더욱 주목할 만하다. 공통점과 차이점을 함께 간명하게 정리하기 위해서 미적 범주의 개념을 사용하는 것이 가장 유익하다. 그리스 연극에서는 비장과 골계가 나누어져 있다면, 인도 연극에서는 숭고와 우아가 나누어져 있다. 그래서 '나타카'는 숭고극, '프라카라나'는 우아극이라고 일컬을 수 있다. 역사극과 세태극이라는 분별 용어도 적합하다. 두 가지 말을 합쳐서, 역사 숭고극과 세태 우아극이라는 말을 사용하면 뜻이 분명하지만, 그런 말이 통용되기 어려울 것 같아서 사용이 주저된다.

『나티아사스트라』에서 '나타카'에 관해 설명한 대목은 길고 복잡해 그대로 옮기기 어려우나 작품 이해에 원용할 수 있다. 위대한 임금인 '나타카'의 주인공은 모든 일을 뜻대로 성취하게 되어 있다. 부귀를 누리는 것이 당연하다고 하고, 거기 부수되는 사소한 사항의 하나가 여인과 즐거움을 나누는 것이라고 했다. 악한의 저해는 쉽사리 극복하니 사소한 사건이라고 했다. 그렇게 되는 것은 '잘 될 만해서 잘 되기'이어서 하나 마나 한 이야기 같지만, 구성을 교묘하게 해서 긴장을 만들고 흥미를 불러일으켰다.

「사쿤탈라」에서 사쿤탈라가 반지를 잃어버리고, 임금 두시얀타가 사쿤탈라를 알아보지 못하는 일련의 사건이 거기 해당된다. 그런 일이 있어 갈등이 조성되어 작품이 진행되는 것을 적절하게 처리하고, 결말에 이르러서 모든 문제를 무리없이 해결하는 최상의 구성을 갖추어야 한다고 했다. 거기다가 여러 조항을 더 보태고,

연결 장면을 만드는 법을 자세하게 가르쳐, 『나티아사스트라』는 정밀 이론의 극치라고 할 수 있는 것을 제시했다.

　적대적인 인물들 사이의 다툼이 있어야 갈등이 조성되는 것은 아니다. 적대적인 인물들 사이의 다툼이 아닌 우호적인 인물들 사이에서 생기는 차질도 작품을 긴장되게 하고 흥미롭게 하는 갈등일 수 있음을 '라사 연극'의 이론과 실제 양면에서 잘 보여주었다. 『나티아사스트라』와 「사쿤탈라」 사이에는 두 세기 정도의 시간적인 거리가 있는데, 이론과 실제가 세밀하게 일치하는 것은 놀랄 만한 일이다. 이론의 지침을 잘 따르면서 작품을 창작해서 그렇게 되었다기보다 동일한 사고 방식이 지속되면서 이론으로 정리되기도 하고 작품으로 표출되기도 했다고 보는 것이 더욱 적합하다.

　우호적인 인물들 사이에서 생기는 차질 때문에 조성되는 갈등을 쉽사리 극복하고, 행복한 조건을 타고난 주인공이 예정된 바에 따라서 부귀를 얻고 승리를 구가하는 데 이르는 작품은 세계 도처에 있으며, 한국에서 예를 하나 든다면 『구운몽』이 거기 해당한다. 『구운몽』은 이야기 줄거리만 간추리면 잘 될 만해서 잘 되기이지만, 구성과 표현이 뛰어나 독자를 사로잡는다. 주인공이 임금도 아니고 역사상의 인물도 아니지만, 『구운몽』 같은 소설은 '나타카'의 범주에 속하며, '라사'의 원리를 구현한다고 할 수 있다.

봉산 탈춤의 팔목중춤

4 신명풀이 연극

　한국의 민속극 「봉산 탈춤」은 우호적인 인물들 사이에서 생기는 차질이 아닌 적대적인 인물들의 다툼이 승패를 나누는 데까지 이르는 과정을 다룬다. 본의 아니게 저지르는 실수가 있어서 문제가 생긴다고 하지 않고, 삶의 양상 자체가 갈등이라고 한다. 사건의 경과를 복잡하게 해서 흥미를 끄는 방식을 버리고, 서사적인 설명은 최대한 배제하고 갈등을 첨예하게 하는 극적 구성을 사용한다. 마땅히 이겨야 할 쪽이 이겨서 원만한 해결에 이른다. 원만한 해결에 이르는 점은 「사쿤탈라」와 같지만, 적대적인 인물들 사이의 갈등을 문제삼는 것은 「오이디푸스왕」과 같다.

　「오이디푸스왕」에서는 오이디푸스왕이 가장 가깝고 친근한 사이여야 할 부모와 가장 적대적인 관계를 가져 아버지를 죽이고 어머니가 자결하게 하는 데 이르렀다. 그렇게 된 이유는 도저히 납득할 수 없는 운명 탓이다. 사람으로서는 어떻게 할 수 없는 가혹한 운명을 신이 내렸기 때문에 그런 적대적인 관계가 생겨서 파멸에 이르렀다. 그러나 「봉산 탈춤」에서의 적대적인 관계는 현실에 근거를 두고 있기 때문에 타당성이 있다. 운명 때문에 생긴 적대적인 관계는 바람직하게 해결되지 못하고 파멸에 이르지 않을 수 없는 것과 다르게, 현실에 근거를 두고 타당성 있게 형성되는 적대적인 관계는 바람직하게 해결될 수 있다.

　「봉산 탈춤」은 「오이디푸스왕」이나 「사쿤탈라」와는 다르게 단일한 사건

봉산 탈춤의 팔목중-소무

으로 이루어져 있지 않고, 서로 다른 내용을 취급하는 몇 개의 독립된 과장으로 이루어져 있다. 전승되는 과정에서 과장이 추가될 수 있다. 각 과장은 그것대로의 갈등 구조를 가지고 있어 독립성을 가지면서, 다른 과장과 사건의 연결이 아닌 갈등의 누적에 의해서 느슨한 관련을 가지고 있다.

한 과장 안의 갈등이나, 과장들 사이의 갈등 누적 관계가 어떤 의미를 가지는가 설명해 놓지 않았으므로 관객이 스스로 이해해야 하는데, 관객이 작품 속의 갈등이 자기 일이라고 여기는 당사자로 연극 진행에 참여하기 때문에 그럴 수 있다. 작품이 그 자체로 완결되어 있지 않은, 미완성의 열린 구조를 가지고 있어 관객이 개입할 수 있고, 관객이 자기 일인 듯이 개입하기 때문에 절실한 의미를 가지게 된다.

서두의 몇 과장은 노장이라는 승려의 파계에 관한 내용이다. 산 속의 절간에서 도를 닦던 노승이 잡스러운 승려 무리인 목중들을 찾으려고 놀이판에 나왔다가 자기 자신이 소무라는 여인에게 유혹되어 살림을 차리고 당당하게 살아가다가, 승려의 흔적이 남아 있는 약점 때문에 세속의 강자 취발이에게 쫓겨났으며, 불법을 수호하고 타락된 삶을 징벌하는 사자는 목중들에게만 나타나고 취발이는 어떻게 하지 않았다고 요약할 수 있는 줄거리는 작품의 외형에 지나지 않는다. 그런 외형을 이용해 다음과 같이 요약할 수 있는 (가)와 (나) 사이의 심각한 갈등을 나타냈다.

(가)   노장   승려   절간   도(道)   무언(無言)   불모(不毛)
(나)   취발이   속인   놀이판   힘   다언(多言)   다산(多産)

(가)와 (나)가 양극화되어 있기만 해서는 싸움이 전개되지 않으므로, 그 중간에 목중들이 개입하고, 또한 노장의 변모가 이루어진다. 목중들은 원

봉산 탈춤의 노장-소무

래 (가)에 속했는데, (나)에 이끌려서 본래의 자세를 버렸다. 그렇다고 해서 (나)로 넘어간 것은 아니다. 그러므로 타락을 징벌하는 사자가 나타나자 후회하고 반성했다. 목중들이 산사를 떠나 놀이판에 나가서 (나)에 기웃거리는 것을 막기 위해서 나섰다가 노장 또한 (나)에 이끌렸다. 노장이 (가)를 버리고 (나)의 인물로 변모하는 것이 가능한 듯했다. 소무와 살림을 차린 노장이 신값을 떼어먹고 신장수를 쫓아버리기까지 하는 위력을 보여주었다. 그러나 (나)로의 변모가 불철저한 약점이 있어 취발이와의 싸움에서 패배했다. (가)와 (나)의 싸움에서 (나)가 승리하는 것은 당연한 일이지만, 그렇게 되는 구체적인 계기가 (가)의 동요에 있다는 것을 그런 방식으로 보여주었다.

불법을 수호하고 타락을 징벌하는 사자가 있고, 노장이 산 속 절에서 수도하는 세계가 있어, 「봉산 탈춤」에도 현실을 넘어서 있는 초월적인 영역, 신들의 세계가 있는 점이 「오이디푸스왕」이나 「사쿤탈라」와 상통한다. 그런데 초월적인 영역의 신들이 「오이디푸스왕」에서는 납득할 수 없는 횡포를 부려 인간을 파멸시키고, 「사쿤탈라」에서는 인간과 화합하는 관계를 이룩해 인간을 고귀한 존재로 만드는 것과 다르게, 「봉산 탈춤」에서는 무력화되고 배격된다. (가)에 대한 (나)의 승리는 신과 인간의 싸움에서 인간이 이기는 것이다. 인간이 신에게 이기는 것이 반역이라고 이해되지 않으니 고민이 따르지 않고, 당연한 즐거움을 누리는 즐거운 일이기만 하다.

노장의 파계와 관련된 몇 과장이 끝나고 '양반 과장'이 시작되는데, 거기서 보여주는 양반과 민중의 갈등은 성격이 더욱 명확해 이해하기 쉽다. 그렇다고 해서 현실에서 흔히 있는 일을 설명하려고 하지 않고, 극적 갈등 제시의 탁월한 방법을 사용해서 현실 인식과 해결의 새로운 차원을 마련한다. 양반이 호령하고, 말뚝이가 변명하고, 양반이 변명을 잘못 알아들어 안심을 하고, 말뚝이와 함께 춤을 추며 즐거워하는 전개 방식이 거듭 사용되어, 양반이 자기의 지배를 더욱 공고하게 하려고 하기 때문에 패배하지 않을 수 없다는 것을 보여준다.

봉산 탈춤의 양반-말뚝이

말뚝이가 관중과 합작해서 양반을 우롱하는 것을 양반은 모르고, 관중은 그 때문에 연극 진행에 참여하는 당사자의 즐거움을 누린다. 적대적인 인물들 사이의 싸움에서 부당한 쪽이 패배하고 정당한 쪽이 승리하는 것이 당연한데, 부당한가 정당한가 하는 판별은 관중이 어느 편인가에 의해서 결정된다. 그래서 관중의 '신명풀이'에 의해 연극이 진행되고, 의미 구현이 구체화된다.

노장이나 양반을 풍자하는 대목은 희극이다. 허위를 일삼는 부정적인 세력을 비판해서 물리치고 승리를 구가하는 데 이르는 비판적인 희극이다. 뒷부분의 '미얄 과장'에서도 희극이 계속되고, 허위에 대한 비판이 이어진다. '노장 과장' 이하의 몇 과장에서는 관념적 사고의 허위를, '양반 과장'에서는 신분적 특권의 잘못을 비판하는 것과 마찬가지로 '미얄 과장'에서는 영감이 아내 미얄을

박대해서 죽게 한 남성의 횡포를 비판한다. 관념적 사고의 허위, 신분적 특권의 잘못과 남성의 횡포는 중세 지배 이념을 지탱하는 세 기둥이라고 할 수 있어서 하나씩 차례대로 거부하고, 관념과 현실의 일치, 지배와 피지배의 부정, 남성과 여성의 평등을 이룩해야 한다고 했다.

그렇기는 하지만 '미얄할미' 과장은 비판적인 희극이라고 하고 말 수 없는 복합적인 성격을 지니고 있다. 영감과 미얄은 원래 마을의 수호신이다. 영감이 할미에게 "너는 웃목에 서고 내가 아랫목에 서면 이 동네에 잡귀가 범치 못하는 줄 모르더냐?"라고 한 말에서 그렇게 보아야 할 단서가 있다.

봉산 탈춤의 미얄할미-영감

신이 사람이라고 여겨, 남녀 수호신의 이야기를 허름한 영감과 할미의 이야기로 바꾸어 놓아 '미얄 과장'을 만들어냈다.

그렇게 해서 '노장 과장' 이하 몇 과장에서 신의 영역을 없앤 것과 다른 방식을 택해서, 신이 신 노릇을 하지 못하게 했다. 「오이디푸스 왕」에서 보이는 신인불합(神人不合)을 거부했다. 「사쿤탈라」에서 신과 사람이 서로 존중하는 관계에서 신인합일(神人合一)을 이룬 것과 다르게, 사람을 존중해서 신이 신 노릇을 할 필요가 없다고 하는 신인합일을 이룩했다.

남녀 수호신은 서로 대등한 위치에 있었는데, 남녀 수호신이 허름한 영감과 할미로 바뀌면서 남존여비의 차등이 생겼다. 그렇더라도 할미가 영감을 존중하면서 따르면 둘 사이의 우호적인 관계가 유지될 수 있었겠지만, 영감의 박대가 심해지는 것을 할미가 견디지 못해, 적대적인 관계의 갈등이 조성되었다. 그래서 벌어진 싸움에서 할미가 패배해 죽게 된 것은 비극이라고 할 수 있다. 그렇지만 할미가 죽은 다음에 영감이 깊이 뉘우쳐 우호적인 관계가 적대적인 관계일 수 없음을 확인했다. 애초에 싸움이 없었어야 한다는 것을 알려주었다.

탈춤은 여럿이 함께 노래 부르고 춤을 추면서 흥거워하고 신명을 푸는 행위를 근거로 해서 이루어진다. 풍물패를 앞세우고 마을 사람들이 사방 돌아다니면서 함께 노는 행사가 탈춤의 기원이고 바탕이다. 놀이패가 한 곳에 자리를 잡아 길놀이가 마당놀이로 바뀌고, 누구든지 참여하는 대동놀이에서 탈꾼들이 특별한 배역을 맡는 탈놀이로 넘어가면서 탈춤이 시작된다.

수영야류 조사 보고에서는 그 점에 관해서, 모여든 사람이 누구든지 군무에 참여해서 "서너 시간 기가 진하도록 난무(亂舞)하여 흥이 하강할 때쯤 되면 후편인 가면 무극으로 넘어간다"고 했다. 여기서 '흥(興)'이라는 말과 '기(氣)'라는 말을 사용한 것을 주목할 필요가 있다. 사람이 지닌 기가 흥으로 발현된다고 했다. 군무에 참여한 모든 사람의 기가 다해서 흥이 떨어질 때가 되면, 탈꾼들이 나서서 기를 새롭게 발현해서 흥을 다시 돋운다고 했다.

여기서 '신명풀이'라는 말에 대해서 본격적인 검토를 할 필요가 있다. '신명'이 무엇인가 정의를 내리는 일을 계속 보류해 왔는데, 이제 사람의 기 가운데 흥으로 발현되는 것을 '신명'이라고 규정할 수 있다. '신명'을 한자로 적으면 '신명(神明)'이라고 할 수 있으나, 그 '신(神)'이 '귀신(鬼神)'의 '신'이라기보다 '정신(精神)'의 '신'이다. '귀신'의 '신'으로 이해하면 사람이 곧 신이어서 신다움을 자기 안에 간직하고 있다고 해야 뜻하는 바가 어긋나지 않는다.

동래야류 상도꾼의 상여

'카타르시스 연극'의 신이나 '라사 연극'의 신과 비교해서 논하기 위해서는 그런 관점이 필요하다. 그러나 '정신'의 '신'은 사람 속에 내재되어 있다는 것을 쉽사리 납득할 수 있지만, 그 정체가 더욱 모호하다. 좀더 분명한 논의가 필요하므로 최한기(崔漢綺)의 도움을 받아 마땅하다.

최한기는 사람이 정신 활동을 하는 기를 '신기(神氣)'라고 하고, 사물을 인식하고 표현해 나타내는 과정을 '신기'의 발현으로 설명했다. 기는 '활동

봉산 탈춤의 목중-노장

운화(活動運化)'를 기본 특징으로 한다 하고, 사물이 그렇게 하는 것을 보고 마음에서 터득하면 "말을 하는 것마다 모두 영기(靈氣)를 지녀, 용이 꿈틀거리는 형체를 갖추고 만화(萬化)를 녹여서 지닌다" 했다. 그래서 이루어진 표현물을 받아들이는 쪽은 "'신기'가 흔들리어 움직이고 쉽사리 감통(感通)하게 된다"고 했다. 글을 쓰고 읽는 행위에 관해 해명하고, 쓰는 사람과 읽는 사람 사이의 공감이 어떻게 해서 이루어지는가 밝히느라고 이렇게 전개한 이론을 연극에다 적용할 수 있다. 그 과정에서 최한기 이론의 미비점을 보완해 나의 이론을 만들 수 있다.

천지만물과 함께 사람도 수행하는 '활동 운화'를 표출해서 공감을 이룩하는 주체가 되는 기를 '신기'라고 하면, '신기'가 바로 '신명'이다. '신(神)'은 양쪽에 다 있는 같은 말이고, '기(氣)'를 '명(明)'이라고 일컬을 수 있다. 안에 간직한 '신기'가 밖으로 뻗어나서 어떤 행위나 표현 형태를 이루는 것을 두고 '신명'을 '푼다'고 한다. 그래서 '신명풀이'란 바로 '신기 발현'이다. 사람은 누구나 '신기' 또는 '신명'을 지니고 살아가지만, 천지만물과의 부딪힘을 격렬하게 겪어 심각한 격동을 누적시키면 그대로 덮어 두지 못해 '신기'를 발현하거나 '신명'을 풀지 않을 수 없는 지경에 이른다.

그렇게 해서 이루어지는 '신명풀이'에는 몇 가지 갈래가 있다. 홀로 하는 것과 여럿이 함께 하는 것이 다르다. 여럿이 함께 하는 것 가운데 또한 화합을 확인하는 것과 싸움을 하고 마는 것이 또한 다르다. 홀로 하는 것의 좋은 본보기는 시 창작이다. 여럿이 함께 하면서 화합을 다지는 것의 하나가 풍물놀이이다. 탈춤을 공연하는 행위는 여럿이 함께 하면서 적대적인 대상과의 싸움을 하는 점에서 그 둘과 다른 갈래에 속한다. 그러나 두 번째 갈래만으로 독립되어 있지는 않고, 두 번째 갈래를 기초로 한 세 번째 갈래이다.

탈춤은 탈꾼들 사이에서 벌어지는 싸움으로 나타난다. 노장과 취발이, 양반과 말뚝이, 영감과 미얄 사이의 싸움이 어떤 의미를 가지는가 이미 고찰했다. 탈꾼들이 그런 배역을 하면서 등장시킨 인물들은 함께 흥겨워하지 않고, 싸움의 전개에 따라서 흥하기도 하고 망하기도 한다. 그러나 탈춤 진행 도중에 이따금씩 탈꾼 모두 함께 춤을 추면서 즐거워한다. 일어서서 춤을 추면서 반주를 하던 풍물괘 반주자들이 앉은 악사로 바뀐 다음

에도, 그런 관습이 변함없이 이어져서, 탈춤 공연의 기본적인 방식의 하나가 되었다.

봉산 탈춤의 양반 과장에서 그 점을 확인할 수 있다. 거기서 양반이 말뚝이에게 호령하고 말뚝이는 항변을 하다가 양쪽이 다툼을 멈추고 함께 춤추며 즐거워한다. 그런 전개의 실상을 확인하기 위해서 '양반 과장'의 서두를 들어보자.

> 말뚝이: (중앙쯤 나와서) 쉬이. (음악과 춤 멈춘다.) 양반 나오신다아! 양반이라고 하니까, 노론(老論) · 소론(少論) · 호조(戶曹) · 병조(兵曹) · 옥당(玉堂)을 다 지내고, 삼정승(三政丞) · 육판서(六判書)를 다 지낸 퇴로재상(退老宰相)으로 계신 양반인 줄 알지 마시오. 개잘량이라는 양자에 개다리소반이라는 반자 쓰는 양반이 나오신단 말이요.
>
> 양반들: 야아, 이놈 뭐야아 !
>
> 말뚝이: 아, 이 양반들 어찌 듣는지 모르갔소. 노론 · 소론 · 호조 · 병조 · 옥당을 다 지내고, 삼정승 · 육판서를 다 지내고, 퇴로재상으로 계신 이생원네 삼형제분이 나오신다고 그리하였소.
>
> 양반들: (합창) 이생원이라네. (굿거리장단으로 모두 춤을 춘다. 도령은 때때로 형들의 면상을 치며 논다. 끝까지 그런 행동을 한다.)

말뚝이와 양반 삼형제가 처음 등장할 때 함께 춤을 추었다. 한 과장이 '춤대목'에서 시작되었다. 양반 삼형제가 말뚝이와 함께 등장한 곳은 놀이판이다. 하인과 함께 춤을 추면서 놀이판에 등장하는 것은 양반을 양반답게 하는 위엄을 부인하는 처사이다. 노장이 놀이판에 등장할 때 필요했던 복잡한 과정을 거치지 않고, 양반 삼형제는 아무런 절차 없이 놀이판에 등장한다. 그 이유를 밝히지 않고 생략해 버렸으니, 관중이 추측해서 알아낼 일이다. 사람은 누구나 마음속에 신명이 있으니 풀어야 하고, 신분 차별의 장벽을 넘어서서 누구나 평등한 것이 마땅하니 양반이 말뚝이와 함께 춤추고 노는 것이 당연하다고 하면 올바른 해답을 찾았다고 할 수 있다. 그러나 여러 단계를 거쳐 길게 추리하지 말고 한꺼번에 깨닫는 비약을 경험해야 관중도 '신명풀이'에 동참한다.

그런데 처음의 '춤대목'에서 말뚝이가 앞서서 양반을 인도하고 등장했다. 평등을 이룩해서 '신명풀이'를 함께 하는 일을 말뚝이가 선도해야 했기 때문이다. 양반과 말뚝이의 신분상의 위계 질서를 부정하는 데 그치지 않고 역전시키기까지 해야 평등이 이루어진다. 그런데 양반 삼형제 가운데 막내인 악소년 도령이 형들의 면상을 부채로 치며 노는 것도 연령에 따르는 위계 질서를 파괴하는 점에서 그것과 같은 의미를 지닌다고 하고 말면 피상적인 이해이다.

도령은 함께 춤을 추면서 경망스러운 태도로 남을 해쳐, 두 형들이 위엄을 차리느라고 감추어 두었던

봉산 탈춤의 도령

하회 탈춤의 춤대목

허위의 깊은 층위를 드러내는 구실을 한다. '춤대목'에서 의식 차원의 문제가 해결되면서 무의식 차원의 문제가 표출된다. 그렇게 해서 '춤대목'의 화해가 화해이기만 하지 않고, 화해가 또한 싸움임을 일깨워 준다.

말뚝이가 관중에게 양반 험담을 하는 말은 양반이 즐겨 쓰는 언사를 모방해 공격 효과를 높인다. 양반은 역임한 관직을 열거하면서 뽐내기를 잘 하고, 상대방이 선뜻 알아차리지 못할 말을 할 때

에는 어느 한자를 쓰는 말인가 밝혀 "~자에 ~자 쓰는" 이라고 해야 설명이 제대로 이루어진다고 믿는다. 그런데 열거한 관직에 '노론·소론'도 들어 있다. 관직이야 다다익선이지만, '노론'을 하다가 '소론'을 하는 지조 없는 짓은 해서는 안 된다.

'양반'이라는 말이 "개잘량이라는 양자에 개다리소반이라는 반자"로 이루어졌다고 하는 것은 그보다 더 심한 억설이지만, '양반=개'라는 등식을 들어 양반을 경멸하는 공격을 하는 데 쓰여 큰 힘을 발휘한다. '개잘량'이란 개가죽을 방석처럼 쓰기 위해서 무두질한 것이다. '개다리소반'은 발이 개다리처럼 생긴 소반이다. 둘 다 양반과는 아무 상관이 없고, 혐오스러운 물건도 아니다. 오직 '개'라는 말을 '양반'에다 가져다 붙이기 위해서 그 둘의 이름을 이용할 따름이다. 양반은 그렇게 공격하는 말을 대강 듣기는 했으므로 호령을 하지만, 제대로 알아듣지 못했으므로 말뚝이의 변명을 듣고 안심해서 '춤대목'으로 들어간다. 등장 인물들이 함께 즐거워하는 '춤대목'에서 연극이 중단되는 것은 아니다. 대사를 주고받아서는 도저히 나타낼 수 없는 깊은 의미가 구현된다.

양반과 말뚝이는 서로 싸울 필요가 없음을 알고 화해를 하는 춤을 추자는 데 합의해 함께 춤추며 즐거워하는데, 그 이유는 서로 다르다. 양반은 말뚝이를 호령해서 제압했으므로 만족해 하고 평화를 구가하지만, 말뚝이는 양반에 항거해 승리를 거두었으므로 즐거워하는 것이다. 그런 동상이몽의 균형을 관중이 개입해서 깨버린다. 관중은 양반의 착각을 보면서 재미있어

하고, 말뚝이와 함께 승리를 구가한다. 양반은 그런 사태를 이해하지 못해 패망하지 않을 수 없게 된다.

탈놀이에서 진행되는 싸움이 바라는 방향에서 진행되고 해결되는 것이 관중으로서는 더욱 흥겹고 신나는 일이다. 관중이 줄곧 연극 진행에 개입하기 때문에, 탈놀이가 대동놀이로 진행되어, 싸움의 승패를 나누는 데서 '신명풀이'가 최고조에 이른다. 탈놀이가 끝난 다음에도 시작하기 전과 마찬가지로 관중 모두가 나서서 함께 춤을 추는 난장판 군무를 벌이면서 탈놀이에서 이룩한 승리를 구가한다. 그러나 상하나 우열을 뒤집어 패배자를 조롱하고 박해하자는 것은 아니다. 그런 구별이 원래 있을 수 없어 대등하고 평등하다는 것을 함께 춤을 추면서 재확인한다. 그래서 싸움이 화해이고, 극복이 생성임을 입증한다.

한국의 '신명풀이 연극'은 그리스의 '카타르시스 연극'과 마찬가지로 적대적인 관계의 승패를 문제 삼는다고 하겠으나, 승패가 바람직하게 이

십이지신띠놀이의 풍물놀이

루어지는 점이 다를 뿐만 아니라, 패배자의 고통은 전혀 찾아볼 수 없다. 노장·양반·영감은 패배를 겪으면서 자기네들 또한 승리자가 되었다. 허위를 거부하고 진실을 되찾은 기쁨을 누리는 데 동참해서 그렇게 될 뿐만 아니라, 서로 나누어져 싸우는 것이 허위라고 배격되어 아무런 구분이 없는 대등하고 조화로운 관계가 이루어지기 때문이다. 그래서 싸움의 부정이 최대의 승리임을 분명하게 하는 과정이 탈놀이가 끝난 다음의 군무이다.

탈춤 전체는 세 부분으로 이루어져 있다. 이제 각 부분을 지칭하는 용어를 확정해서 정리를 해보자. 서두에 '앞놀이'가 있고, 중간에 '탈놀이'가 있으며, 나중에 '뒷놀이'가 있다. '앞놀이'와 '뒷놀이'를 할 때에는 놀이패와 관중 사이에 아무런 구별이 없이, 모두 대등한 자격으로 함께 어울려 춤을 추면서 즐거움을 나눈다. '탈놀이'를 할 때에는 탈을 쓴 놀이패가 등장 인물들의 배역을 나누어 하면서 서로 싸우고, 관중은 관중석에서 구경하면서 그 싸움에 이따금 개입한다.

'탈놀이'가 진행되는 동안에, 일정한 간격을 두고 '춤대목'이 있어, 서로 싸우던 등장 인물들이 함께 어울려 춤을 춘다. 관중이 '앞놀이'와 '뒷놀이'에 참여하고, '탈놀이'에 개입하고, '춤대목'의 의미를 자기 나름대로 해석할 수 있는 재량권을 갖고 있다. 탈춤이 완성되어 닫힌 구조일 수 없고, 미완성의 열린 구조인 원리가 그런 세부에서까지 잘 갖추어져 있다.

'춤대목'에서는 등장 인물들이 싸움을 멈추고 함께 즐거워하는데, 그렇게 해야 한다고 판단하는 이유가 각기 다르다. 양반은 자기가 말뚝이를 눌러서 이겼다고 즐거워하고, 말뚝이는 자기가 양반을 속여서 이겼다고 즐거워한다. 관중은 그런 사정을 명확하게 알 수도 있고, 그렇지 않을 수도 있다. 그래서 '춤대목' 자체에서 싸움이 화해이고, 화해가 싸움이다.

다시 '춤대목' 앞 뒤 '탈놀이'의 싸움과 '춤대목'의 화합, 다시 '탈놀이'의 싸움과 '앞놀이'·'뒷놀이'의 화합을 함께 보여주어 싸움이 화합이고, 화합이 싸움임을 알려준다. 그 양쪽이 둘이면서 하나이고, 하나이면서 둘임을 명시한다. 그 둘이 둘이라고 보는 관중에게는 하나임을 일깨워 주고, 하나라고 보는 관중에게는 둘임을 일깨워 주는데, 관중은 거기 맞서서 자기 주장을 편다. 그렇게 하는 것이 싸움을 싸움답게 하면서 싸움을 해결하는 방법이다.

봉산 탈춤의 탈 태우기

5 네 가지 특성

    지금까지 작품 전개의 특성을 비교한 결과를 삼자 관계를 중첩시키는 방식으로 정리하면 다음과 같다.

    '카타르시스'   '라사'와 '신명풀이'
    파탄에 이르는 결말   원만한 결말

    '라사'   '카타르시스'와 '신명풀이'
    우호적인 관계의 차질   적대적인 관계의 승패

    '신명풀이'   '카타르시스'와 '라사'
    미완성의 열린 구조   완성되어 닫힌 구조

    이러한 작업을 다른 측면에서 다시 할 수 있다. 언어 사용을 비교하면 다음과 같은 결과를 얻는다.

'카타르시스'	'라사'와 '신명풀이'
직설	암시

'라사'	'카타르시스'와 '신명풀이'
내면 심리	외면 상황

관중의 반응을 비교한 결과는 다음과 같이 정리할 수 있다.

'카타르시스'	'라사'와 '신명풀이'
깨우침을 당함	깨어 있음

'라사'	'카타르시스'와 '신명풀이'
직접적 통로 닫혀 있음	직접적 통로 열려 있음

'신명풀이'	'카타르시스'와 '라사'
능동적 참여	수동적 수용

세계관의 차이가 어떻게 다른지 보여주는 것도 가능하다.

'카타르시스'	'라사'와 '신명풀이'
신인불합(神人不合)	신인합일(神人合一)

'라사'

사람 안팎 양쪽에 있는 신(神)

'카타르시스'와 '신명풀이'

사람 안팎 어느 한쪽에만 있는 신(神)

'신명풀이'

사람 자신 속의 신명

'카타르시스'와 '라사'

별도로 설정되어 섬김을 받는 신

찾아보기

조 동 일

1962년 서울대 문리대 불문학과를,
1966년 같은 대학 국문과를 졸업했으며,
1976년 문학박사학위를 받았다.
계명대, 영남대, 한국정신문화연구원,
서울대 인문대 국문과 교수를 역임했으며,
현재 계명대학교 석좌교수이다.

저서

『문학연구방법』『한국문학통사』(전 6권)
『한국문학과 세계문학』『한국의 문학사와 철학사』
『한국민요의 전통과 시가율격』
『세계문학사의 허실』『카타르시스 라사 신명풀이』
『인문학문의 사명』『동아시아 구비서사시의 양상과 변천』
『중세문학의 재인식』(전 3권) 등 50여 권이 있다.

이화여자대학교출판부 기획 시리즈

'우리 문화의 뿌리를 찾아서'

1. 한국사 입문 : 신형식 지음
2. 전통 한복의 멋 노리개 : 이경자 지음
3. 한국의 지붕 · 선 : 임석재 지음
4. 한국의 창 · 문 : 임석재 지음
5. 한국의 돌 · 담 · 길 : 임석재 지음
6. 한국의 전통 공간 : 임석재 지음
7. 한국의 꽃살 · 기둥 · 누각 : 임석재 지음
8. 우리 춤 : 김말복 지음
9. 한국 고전여성작가의 시세계 : 이혜순 지음
10. 한국의 탈춤 : 조동일 지음

근간

한국의 민간 신앙 : 최준식 지음
한국의 선박 : 최완기 지음
한국의 소반 : 배만실 지음
한국의 여행 문학 : 김태준 지음
한국의 화폐 : 원유한 지음
한국의 전통 교육 : 최완기 지음

한국의 탈춤

펴낸날 1판 1쇄 2005년 6월 20일 _ **지은이** 조동일 _ **펴낸이** 김용숙 _ **펴낸곳** 이화여자대학교출판부
주소 서울특별시 서대문구 대현동 11-1 (120-750) _ **등록** 1954년 7월 6일 제9-61호
전화 02-3277-3163, 3242(편집부) 02-3277-3164, 362-6076(영업부) _ **팩스** 02-312-4312
e-mail press@ewha.ac.kr _ **인터넷서점** http://www.ewhapress.com
편집 책임 정경임 _ **편집** 이혜지 · 민지영 _ **디자인** GNA Communications _ **찍은곳** (주)문성원색

사진 제공 서재식

값 12,000원 ⓒ 조동일, 2005
ISBN 89-7300-613-4 04200
ISBN 89-7300-602-9(세트)

＊ 잘못된 책은 바꾸어 드립니다.